社長の仕事は
社員を
信じ切ること。
それだけ。

株式会社宮田運輸
代表取締役社長
宮田博文

かんき出版

プロローグ

たった今、自分の息子は命を落とした

その日のことは忘れもしません。

2013年8月30日。

宮田運輸専務の福田真から、私の携帯電話に緊急の連絡が入りました。

当社の社員が運転するトラックがスクーターと接触。スクーターに乗っていた男性が緊急搬送されたというのです。

着信があったのは、残暑厳しい午後3時ごろでした。外出中の私は、スクーターでの転倒ならば怪我ではすまず、命にかかわるかもしれないと心配しながら救急病院へ直行しました。

病院に駆けつけると、案内されたのは病室ではなく、霊安室でした。

男性の遺族の方々が5、6人集まっていました。私はとっさに前に進み出て、近くにいた男性に恐る恐る声をかけ、名刺を差し出しました。

「事故を起こした者の会社の社長です。本当に申し訳ございませんでした」

そのとき名刺を受け取ってくださった方が、亡くなった男性のお父様でした。怒鳴りつけられてもおかしくない状況です。しかし、お父様はやさしい口調でこうおっしゃいました。

「どっちがいいとか悪いとかはわからないけれども、たった今、自分の息子は命を落とした。この息子には小学校4年生の女の子がいる。そのことだけはわかっておいてくれよな」

私にできたのは、小さな声で「わかりました。誠心誠意尽くさせていただきます」と申し上げ、その場を後にすることだけでした。

私が自身の仕事や経営について語るうえで、この事故の話を避けて通ることはできません。

なぜなら、事故が起きた原因は、経営者である私自身にあったからです。

トラックを運転していた従業員は、当時配車係でした。事業所で運転士のスケジュールを管理し、トラックの運行を調整する管理職だったのです。しかし、事故の当日は人手が足りないところに、追加の運送の依頼が舞い込みました。そこで、もともとドライバーだった彼は自主的にトラックを出してしまったのです。

運転の現場から離れた立場だった彼が無理をした背景には、お客様のためという気持ちとともに、業績を伸ばすため、数値目標をクリアするように迫っていた私からのプレッシャーがあったと思います。

会議室の壁に刺さったiPad

たとえば、事故の起きる前のある日の幹部会議でのこと。私は部下の不甲斐ない報告に激怒し、無意識のうちに持っていたiＰａｄを放り投げていました。

「結果を出さな、あかんのだ！　できない理由は聞いていない！」

ひと時、宙を舞ったiＰａｄは会議室の壁に激突。斜めに突き刺さり、専務以下、幹部社員が見守るなか、ポトリと床に落ちました。

私、宮田博文は大阪府高槻市にある宮田運輸という物流会社の社長です。

当社は１９６７年に祖父が創業し、18歳で入社した私は２０１２年に4代目の社長となりました。年商は40億円（２０１９年3月期）、従業員数は２９５名、１６５台のトラックを所有し、大手食品メーカーの製品など、食品や生産資材をメインとした配送、倉庫管理などを手掛けています。事業所は、関西を中心に東は福島、西は福岡まで、全国に12カ所設置しています。

そんな大阪の中堅物流会社の社長が、何にイライラし、iＰａｄを放ってしまったのか。その原因は、間違った方法で大きな目標を追いかけていたことにありました。

宮田運輸の創業者である祖父は、「儲けたものは、みんなで分けろ」が口癖の気のいいオヤジでした。

2代目となった叔父もスーツを着ている姿を見せることはなく、いつも作業服姿。骨董品のようなライトバンで朝6時半に出社し、従業員と談笑しながら、夜まで会社で仕事をして帰っていく。みんなから「おっちゃん、おっちゃん」と慕われる社長でした。

そして、3代目で現会長の私の父親もまた、従業員の家族の誕生日に明石の鯛をプレゼントするような、大家族主義的な経営を行っていました。

従業員を大切にし、力を貸してもらう。とにかく人を大切にする会社。

18歳からここで働く私もまた、そんな宮田運輸の文化を愛し、その力を信じてきました。

ところが、創業45周年の節目に4代目の社長に就任した私は、それにプラスして明確な目標数値を打ち出します。

「25年後の70周年には売上高300億円、従業員2000人の規模に成長させる！」

そう宣言し、幹部社員を集めた合宿を行い、ビジョンを語り、長期の経営計画を立て、新体制をスタートさせたのです。

従業員とその家族は大事。しかし、数字も大事。

口には出していませんでしたが、私は社長になった瞬間から「これまでの家族的な経営からの脱却」と「明確な目標に向け、従業員を引き締め、管理しながらビジョンを達成する事業体」をイメージしていました。

その改革の第一歩となるのが、目標数値と現状を照らし合わせ、明確な数字というモノサシで語られる幹部会議……のはずだったのです。

数字と目標で社員を縛れば縛るほど、主体性は消えていった

しかし、幹部会議の空気は回を重ねるごとに重たくなっていきました。

3代目の時代、専務として参加していた幹部会議は和気あいあいとまではいかないものの、発言は活発で、冗談で笑い合う場面もあり、何より笑顔がありました。

ところが、私が社長となった後は笑顔がなくなり、参加者である所長たちが「会議

が嫌で、嫌で」とこぼしているという噂も耳に入るようになってきました。

「社長に何を指摘されるのだろう」「何を聞かれてもいいように準備するため、会議の前の日は寝られない」と。幹部たちはそんなピリピリしたムードで会議当日を迎えるようになっていったのです。

一方、社長になりたての私は、自らが立てた長期の経営計画を達成するためにも直近の数字を上げることにこだわっていました。

「結果を出さな、あかん」と。

目先の数字に囚われて、毎月の赤字が気になる。
自分は必死に考えているのに、幹部たちは何も考えていないのではないか。
従業員には主体性を持って動いてほしいのに動かない。
動かないなら、より明確な数値を示して動かすしかない。

今、振り返れば、全部が焦りからの思い込みです。

社長が数字に囚われ、幹部にプレッシャーをかけ、目標で縛れば縛るほど、従業員の主体性は消えていきました。

しかし、ｉＰａｄを放ったころの私はそれに気づかず、掲げた大きなビジョンとは裏腹に、近視眼的な経営をして社員を振り回すことになっていたのです。

背景には、社長として認められたいという思いもありました。

社長就任後、周囲からよく「トップとナンバー2はちゃうやろ」と言われました。そのたびに「専務のときと変わりませんよ。今までと一緒です。やることは」と答えていたのです。

しかし、プレッシャーを感じて肩肘張っているところは間違いなくありました。専務と社長では何かが違うな、と。違和感を覚えながらも売上、利益をしっかりと数字として残し、示していくこと。

それが親父を超えることになり、社長として認められることにつながる。言葉にはしていませんでしたが、そういう気持ちがあったことはたしかです。

お客様を助けるのはいい。ただ、利益は出るのか？

当時、宮田運輸の経営は大きな危機的状況にあったわけではありませんでした。ただし、順風満帆というわけでもなく、売上は伸びるものの、利益は横ばい。何かを変える必要があるという状況でした。

たとえば、それまでの宮田運輸では、お客様が「急な受注があって、どうしても明日までに商品を配送しなければならない……」と困っていたら、なんとか助けよう。儲けは度外視でトラックを動かそうと、各事業所が率先して手を差し伸べる文化がありました。

専務だったころの私は、その文化に誇りを持っていたわけですが、社長になってみると「お客さんを助けるのはいいことだ。ただ、利益は出るのか？」と考えるようになっていったのです。

「数字がすべてではないと言いつつも、ビジネスは人助けではないのではないか」「なんぼもらえるかもわからんまま、困っているから助けるでは、事業は成り立たない。

ある程度の管理が必要ではないか」

そして、社長の大事な仕事は組織と従業員を適正に管理することだ、と。

しかし、その考えは中小企業を経営するにおいて最も重要な点を疎かにさせました。

それは従業員を、人を、お客様を信じることです。

とくに、宮田運輸のような大家族主義で続いてきた会社では、数値の管理によって社員を縛り、動かすというやり方は浸透しませんでした。

社長である私の考え方が、ずれていたのです。

それでもゆるやかだった部分を急激に引き締めたぶん、その効果は数字になって表れました。社長就任から約1年、売上、利益ともに改善しはじめ、私はまだ自分の考え方がずれていることに気づかず、幹部会議での叱咤を続けていたのです。

冒頭の事故が起きたのは、そんなときでした。

「どっちがいいとか悪いとかはわからないけれども、たった今、自分の息子は命を落とした。この息子には小学校4年生の女の子がいる。そのことだけはわかっておいてくれよな」

亡くなった男性のお父様の言葉を受け取ってから、私は来る日も来る日も悩みました。自分の考え方にずれがあることにようやく気づいたものの、どうしていいのかわからなかったからです。

トラックが好きだからこそ、自分に何ができるのか

私は子どものころからトラックが大好きでした。

生まれ育った家は宮田運輸の車庫の隣にあり、トラックに乗る父親の背中を見て暮らし、小学校に上がるころには仕事を終えて戻ってきた車両を車庫に誘導することが日課になっていました。

運転士さんかっこええな、トラックかっこええな、と。

夢はトラックの運転士。これは小中高と変わりませんでした。

事務所の配車表を眺めては、「明日はあのおっちゃんが名古屋に行く」「名古屋なら夜中の1時くらいに出発するはずや」とこっそり車庫に忍び込み、「おっちゃん連れてって」と頼み込む。運転士のおっちゃんたちも気がいいですから、ドアを開け、私

を乗せて大阪から名古屋、東京へ。

ただし、平日ですから学校をサボることになるわけで、戻った途端に「遊びじゃないんだからついていったらあかん。学校、行け」と母親に叱られて、それでも深夜便のドライバーに乗せてもらっての小旅行を何度も繰り返していました。

とにかくトラックが好きで、乗りたいという衝動が抑えられなかったのです。

あのころ、大きなトラックの運転席から眺めた景色は今でも鮮明に覚えています。大人になったら全国をこういうトラックで駆け巡りたいと、毎日思っていたことも。実際、車庫のトラックに乗り込み、ラジオをかけながら自分が東京に向かって走っているイメージを膨らませるなんて遊びをしていました。

そんなふうにトラックを愛し、運送業を天職だと思っていた私にとって、トラックが深い悲しみを招いたあの日の事故は大きなショックでした。人命を奪う凶器になるくらいなら、世界中からトラックがなくなったほうがいいのではないか、と。

本当は苦しいはずなのに、遺族の方々は、一度も激しい口調で私を責めることはありませんでした。考えられないくらいやさしい人たちに対して、自分がこれからできることはいったいどれだけあるのか。

仕事中もこうしたことが頭に浮かんでは消え、自分が自分ではないような感覚に陥りました。はたから見れば、明らかに意気消沈していたと思います。

それでも物流の仕事は続きます。トラックはお客様の荷物を載せて走っていきます。24時間３６５日、従業員たちは汗をかきながら現場で懸命に働いていました。

事故から1年ほど、私は仕事が終わって家に帰ると、自室にこもって「宮田運輸があり続けること」「自分が経営し、働いていくこと」の意味はなんなのかを自問自答し続けました。

社員は評価し、管理する対象ではない

そのころ、ある先輩経営者から「おまえトラックが好きやろう。そのトラックをなくすよりも、〝生かす〟というふうに考えたほうがいいんちゃうか」という言葉をかけてもらいました。

そのひと言が胸に刺さり、私はこんなふうに思うようになったのです。

「亡くなった尊い命は、取り戻すことができない。それなら、今個々に生かされている自分や社員、周囲の人たちの命を生かし合うこと。つまり、1人ひとりの命を輝かせることが、経営者としての自分にできるせめてものことではないか」

「本当にトラックが好きなら、そのトラックを使って人の命を生かすべきなんじゃないか。それが亡くなった男性と遺族の方々に対して自分ができることなのではないか」

塞ぎ込んでいた気持ちに光明が差しました。

そして、人の心、従業員の心を信じたい、「心」をベースにした経営をしていきたいという想いが湧き上がってきたのです。

すると、社員は評価し、管理する対象ではなく、「1つひとつの命」として見えるようになりました。もちろん、それはお客様に対しても同じです。

物流会社の経営者として社員やお客様、社会のために何をするべきか。そんなことも自然に考え、アイデアが浮かぶようになっていきました。

たとえば、トラックのうしろにドライバーの子どもが「お父さんがんばって」といった応援メッセージを添えて描いた絵をラッピングする「こどもミュージアムプロジェクト」という取り組みがあります。

詳しくは後述しますが、これはある中小企業を視察したとき、工場の安全標語を子どもたちにつくってもらっていることを知り、それを応用して2014年からはじめました。

自分の子どもの絵とメッセージを背負って走れば、うれしいですし、何よりドライバーはそのトラックを大切にし、「恥ずかしくない運転をしよう」という気持ちになります。また、ラッピングされたトラックのうしろを走るクルマも、絵が目に入るだけでやさしい気持ちになるはずです。

事実、効果はてきめんで事故率は4割減。ドライバーが急発進、急停車することも減り、ていねいな運転になったことで燃費も向上しました。

今、この「こどもミュージアムプロジェクト」は宮田運輸だけのものではなく、150を超える事業者に広がり、海を渡った中国にも活動の輪が広がっています。

毎日、不安に思いながら過ごすのはつまらない

物流は24時間365日動いています。

毎日、「今日も何かあったらどうしよう」と不安に思いながら過ごすのはつまらない。どうせだったら、思い切り理想や夢、希望を語り、愛をもって経営していきたい。

売上？　利益？　もちろん、大事です。でも、もっと大事なことがあります。

自分がトラックを大好きだったころの気持ちを思い出し、それを生かしながら24時間365日経営していこうと決めました。

会議のやり方も変えました。

まず、すべての数字を全従業員に開示することにしました。

各事業所の売上、利益、目標値との差、前年比……。部署や役職の隔たりなく、見たい人は誰でも自由に宮田運輸の経営状態を知ることができます。

さらにこの会議は、社内にかぎらず、すべての人に開放しています。

それが、毎月1回日曜日に開催している「みらい会議」です。

大阪は高槻を拠点に福島、愛知、福岡まで、各事業所から誰でも自由に参加できます。事前に予約すれば参加費無料で、同業他社の社員でも、他業種からの見学でも、主婦や学生でも参加できるオープンな会議です。

午前中は事業所ごとに業績数値を発表します。

会議の場など不慣れな運転士が幹部を相手に「なぜ、売上が伸びないのか」と聞くこともあれば、パート従業員の方から「目標が厳しすぎるんじゃないか」と言われることもあります。

午後からは研修です。外部から講師にきていただき、ともに人の内面に触れる研修を行い、話し合うこともあれば、全員でヨガのプログラムを体験することもあります。

大切なのは、心を動かすこと。心を動かして、人を信じる気持ちを育むことです。

iPadが宙を舞ったころの幹部会議は、所長が発表すると私たちが「なんででき へん?」「こうすればできるんちゃうか」と責め立てる殺伐としたものでした。

それが「みらい会議」では、参加者が主体性を持って次々とアイデアを出し、強制されたわけでもないのに現場の改善策が次々と提案されていきます。

私は、経営者が「人をどう動かすか」ではなく、「人はどんなときに動きたくなるのか」と考えれば、うまくいくのだと気づかされました。

人を信じる。やさしさ、良心、美しい心に目を向ける

本書では、私が紆余曲折、多くの失敗から学びながら身につけ、今も試行錯誤を続けている経営の方法をお伝えしていきます。

とはいえ、実践しているのはとてもシンプルなことです。

人を信じること。

人の何を信じるかと言えば、やさしさ、良心、美しい心です。

人は誰でも、不平、不満、愚痴をこぼします。それでも心に感じたことがあれば、自ら動き出す美しい心を持っています。その心に目を向け、疑うことなく、とことん信じ切ること。

マネジメントという言葉も必要ありません。経営者にかぎらず、人を束ねる立場に

あるリーダーが本当にすべきことは、それだけです。

今、私が会社経営について思うことは1つ。それは、

「愛でいけるやん」

実際、人を信じる経営をはじめ、さまざまなアイデアを試すうち、数値目標を掲げて社員を追い込んでいたころよりも、業績は伸び、好調に推移しています。

2012年には25億円だった売上が40億円になり、経常利益も1000万円弱から1億5300万円になりました。

また、「厳しい」「ブラック」と揶揄され、人材不足が当たり前となっている運送業界において、当社では社員募集に対し100倍以上の応募が集まることもあります。

こうした変化が起きたのはきっと、自分の良心に従って仕事をするようになったからです。

本書の内容が、こんな悩みを抱えているビジネスパーソン……

なぜ、がんばっても報われないのか？
どうして、部下が思うように動いてくれないのか？
待遇を改善しても社員が定着しないのは、どうしてなのか？

あるいは……

「これだけやってあげているのに」という思いを抱えている人。
「毎日の仕事がしんどい」と気が重い人。
「なんのために働いているのかわからなくなってきた」と不安な人。

そんな思いを抱えながら働く、すべての人に届くことを願っています。

2019年10月

宮田運輸代表取締役社長　宮田博文

CONTENTS

プロローグ

第1章

モチベーションの源泉は「人の役に立てること」

「助け合う社風」はどのように生まれたのか？

第2章

1人ひとりを信じて任せる

従業員の主体性を生みだす仕組み

第3章

リーダーに最も必要なのは「愛」

人をとことん信じ切る「心の経営」

第4章

目先の数字は絶対に追わない

目の前の困っている人を助け続ければ、会社と従業員は成長する

第5章

人は「管理」ではなく「幸せ」になってこそ成長する

従業員と社会を幸せにするプロジェクト

装丁・本文デザイン　西垂水敦・市川さつき（krran）
DTP　野中賢（株式会社システムタンク）
イラスト　アツダマツシ
編集協力　佐口賢作

第1章

モチベーションの源泉は「人の役に立てること」

「助け合う社風」はどのように生まれたのか？

なぜ、宮田運輸には「助け合う」社風が根づいたのか？

宮田運輸には、従業員同士が「助け合う」文化が根づいており、大きなトラブルなどが起これば、全国の事業所から自主的に従業員が駆けつけて問題解決にあたります。

もちろん、上司が指示を出すわけではありませんし、助けに駆けつけたからといって手当が出るわけでもありません。

よく、他社の経営者や管理職の方から「宮田さんのところの社員は、どうして主体性を持って動くことができるのか？」と聞かれますが、それにはいくつかの理由があります。

この章では、従業員同士が「助け合う」文化がどのように醸成されたか、その秘密についてお伝えしていきましょう。

合言葉「困ったときは大騒ぎ」

私から各事業所の所長へ、所長たちから従業員に伝えているキーワードがあります。

それは、「困ったときは大騒ぎ」という合言葉です。

たとえば、宮田運輸には「宮田の仲間」というＬＩＮＥグループがあります。管理職クラスが参加していて、日常のあらゆる出来事が共有されています。

そして、何か困ったことが起きたら、「困っている！」と大騒ぎするのです。

・悪天候で高速道路が使えなくなり、配送センターの荷物が動かない！
・接触事故を起こした車両が出て、クルマも荷物もダメになってしまった！
・事務所のサーバーがダウンして、配車手続きがうまくいかない！

そんなメッセージがＬＩＮＥを通じて流れてくると、私も含めた全員が打開策を考え、人手が必要ならば空いている仲間がいち早く現場に駆けつけます。

事故対応であれば、「運転士に怪我はなかったか？」「巻き込まれて怪我をされた方はいなかった？」「事故を起こした本人がいちばん傷ついているからフォローをお願いします」「道路上に散乱してしまった荷物の処理は？」「事故車はどうする？」「届け先への連絡と代わりの荷物の手配は？」など、現場の判断で次々と解決に向かって動いていきます。

お客様の荷物が遅れていて、トラックが足りないといった「困った！」であれば、余裕のある事業所が車両を回します。

搬入が重なって倉庫のスペースに不安があるという配送センターがあれば、「時間的な余裕があるなら、うちの倉庫に空きがあるから仮卸をして、明日運ぼう」といった対応をします。

そんなふうにトップダウンではなく、ボトムアップで対処していく。困っている仲間がいるなら、応援に駆けつけよう！ と。事業所間、個人間の垣根を越えて助け合う土壌ができています。

さらに、「今月はこんな事例がありました」と「困ったときは大騒ぎ」の対応事例を共有していくわけです。

たとえば、大阪から愛知の事業所に助っ人が行ったことは、現場の一部の人間だけが知る話です。そのエピソードを「宮田の仲間」に流すことで、みんなで共有。**すると、現場での「ありがとう」が、みんなからの「ありがとう」に変わります。**その結果、また別のトラブルが発生したとき、仲間同士が自発的に助け合えるようになっていく。そんな変化が全社的に起こってきたことで、結果的に生産性や効率が向上していきます。

指示するのではなく、「助けてほしい」の姿勢が大切

上から下への一方通行の働きかけで、働く人たちが主体性を持って動き出すことはありません。

たとえば、私が社長になった当初行っていたように、管理職を集め、幹部会議を開き、数字が達成できていないと詰めていく。

経営陣の怒りや危機感を肌で感じた管理職が現場に持ち帰り、それを従業員に伝え、引き締めたとしても効果はさほどありません。

現場で働く人にとっては、経営層の焦りや苛立ちは遠いものだからです。

どんなに厳しい状況でも、時間給で働くパートのおばちゃんは時間がくれば自分のタイムカードを押して、帰っていきます。それは当たり前のことで、当然の権利です。責めるべきことでも、落ち込むべきことでもありません。

それでも本当に納期が厳しい仕事を抱えているときは、残業してくれたら助かるのに……というのが現場のリーダーの本音でしょう。

そんなときは、管理職が経営層に対しても、現場で働く人たちに対しても「困ったときは大騒ぎ」すればいいと思います。

「ああせえ、こうせえ」と指示するのではなく、「困っている！」「助けてほしい」と言ってしまう。それを当たり前にすることで、全員が同じ問題に取り組む仲間だという意識が広がっていきます。

そうなると、パートのおばちゃんも運転士も、自分にどんな貢献ができるのかを自ら考えてくれるようになるのです。

たとえば、トラックの運転士たちが「時間があったら高速を使わずに一般道を走る」

「燃費がよくなるよう、運転の仕方に気を配る」といったことを実践してくれるわけです。

彼らは強制的にやらされているわけでもなく、自分から事業所の数字に貢献しようとアクションを起こしてくれる。

見返りがなくともやりたくなる現場であることがいちばん大事です。

人をどう動かすかではなく、どうしたら人が動きたくなるのか。

そういう視点で考えていくことが、マネジメントの本質だと思っています。

強制したり、押しつけ合ったりするよりも助け合うような関係性をつくっていくこと。そのための合言葉が「困ったときは大騒ぎ」なのです。

「助け合う」社風こそ、会社にとって最も重要な資産

以前、枚方にある米共配事業所でこんなことがありました。

枚方は同じカテゴリー商品を積み合わせ、配送先に対して一括配送する共同配送を行っています。

おもな配送品はお米ですが、ある日の夜、爆発的に発注量が増えてしまい、倉庫で仕分けをする人員が足りないという事態が起きました。

お米の配送先には、飲食店チェーンの各店舗なども含まれています。回転寿司のお店でお米が足りなくなれば、これは非常事態です。発注のあったぶん、確実に届けなければいけません。

しかし、各店舗が翌日分のお米の発注を行い、チェーンの本部が取りまとめ、枚方の共同配送センターに届くのが15時前後。そこから事業所のスタッフはお米屋さんに

大型トラックで必要なぶんのお米をとりにいきます。戻ってくるのが夜の19時。そこから夜勤のスタッフがチェーン各店舗の発注に合わせてお米をピッキングし、早朝4時くらいに小型のトラックに積み込み、共同配送センターを出発。各店舗の営業時間前に届けるわけです。

これを基本的に毎日、行っています。

配送量が予想を上回った事業所に全国から助っ人が集まる

ところが、なんらかの理由でお米の発注書の到着が15時よりも遅れることがあるわけです。すると、すべての作業に遅れが出ます。

しかも、発注量は日によって変わります。通常が1日100トンだとして、連休前の金曜日には300トンになることも。もちろん、こちらも過去のデータを参考に発注量が増えそうな時期を予測し、多くの人員を配置するわけですが、時として予想外の展開になることがあります。

実際、発注書が遅れたうえに、発注量が予想を上回ってしまったことがありました。

そのとき、枚方の所長は「宮田の仲間」のＬＩＮＥグループに「助けてください！」とメッセージを発信しました。すると、岡山県の岡山事業所、愛知県の半田事業所、さらに埼玉県の埼玉深谷事業所からと、全国から続々と助っ人が集まってきたのです。その日、夜中までかかってみんなで仕分け作業をし、商品は無事お届け先に発送されました。

台風で倉庫の屋根が飛ばされ、従業員総出で小麦粉を移動

「困ったときは大騒ぎ」によって、全国から助っ人が集まってきた事例はほかにもあります。

２０１８年、大型の台風が関西地方を襲いました。

気象状況は配送に大きな影響を与えます。日頃から入念な気象情報のチェックは欠かしません。それでも大阪の中心部を大きな台風が襲うケースはほとんど経験したことがなく、昼ごろ、テレビで「大型の台風が接近中」というニュースが流れた時点で

も「しばらく静かにしていればすぐに去っていくのかな」といった感覚で受け止めていました。

ところが、非常に速度の速い台風で午後には大阪もいっきに暴風域に。私は事務所にいましたが、建物が風で揺れ、地震かと勘違いするほどでした。

そこに事故の一報が入ります。配送中の大型トラックと8トントラックが強風に煽られ、橋の上で横転したのです。すぐに事故の状況を確認。何よりも運転士の無事を知ってホッとしたものの、これは尋常ではない台風だと認識を改めました。

すると、今度は「宮田の仲間」のＬＩＮＥに宮田運輸で借りている大阪府内の倉庫の屋根がめくれ上がったというメッセージが入りました。

その倉庫には、大手パンメーカーの工場に納品するパンの包装資材のほか、小麦粉やレーズンといった食材が一時的に保管されています。

もし、屋根がはがれ、風雨にさらされてしまうと、明日以降のパンの製造にかかわる事態となってしまいます。配送センターではパンメーカーからの毎日の注文に応じて、小麦粉やレーズン、包装資材をピッキングして、工場に納めていたからです。

急ぎ現場に行き、状況を確認しました。

最初のメッセージからそれほど時間が経っていなかったにもかかわらず、倉庫の屋根の一部が完全にめくれ上がっていました。そこから横殴りの雨が降り込み、倉庫内は水浸しです。

私は取引先であるパンメーカーに連絡。明日以降に配送する予定の小麦粉などが被害に遭ったことを伝えました。メーカーは工場のラインを止めるという判断を下しました。

しかし、これでおしまいというわけにはいきません。明日はラインを止めるとしても、明後日には製造を再開してもらいたい。それが本来、配送するべき品物を送り届けられなくなった私たちの取るべき責任です。

そこで、現場に集まっていた従業員で手分けをして小麦粉やレーズン、包装資材を在庫として持っていそうな各メーカーに電話し、不足分を補えるよう問い合わせていきました。

幸い、私たちの倉庫で水浸しになってしまった在庫分を補う量は半日ほどで確保できました。運転士たちには、各メーカーにある商品を受け取りに行ってもらい、それを取引先である大手パンメーカーの工場に届けるよう指示を出しました。

一方、水浸しになった倉庫には水濡れを免れた商品が多数残っています。トラックで出た従業員以外は、京都の南にある別の倉庫へ商品を移す作業をはじめました。

しかし、台風によるトラブルは大阪の倉庫だけで起きていたわけではありません。台風は夕方には関西を抜けていきましたが、やるべきことは山のようにありました。風で横転したトラックに関する後処理。道路状況の悪化から遅れが出ている運行スケジュールへの対応。各トラックに載せている荷物の状況確認と配送先への連絡……。圧倒的に人手が足りません。

そこで、「宮田の仲間」で呼びかけ、各地の事業所に応援の要請をしました。するとと、夜中になって愛知県や埼玉県から仲間が駆けつけ、現場の倉庫のリフトに乗れる者などが段取りをし、ようやく水浸しになった倉庫から商品を取り出して京都へ運ぶ作業に取り掛かることができたのです。

この作業は急ぐ必要がありました。台風が去ったとはいえ、屋根は応急処置すら施していません。次の雨がくれば、お客様から預かっている大切な商品が再び濡れてしまいます。

京都の倉庫の商品を整理し直し、大阪から運び込むためのスペースをつくり、空いているトラックを使ってのピストン輸送。助っ人も含めた社員総出でほぼ徹夜での作業となりました。

その週末には「みらい会議」を予定していましたが、延期して丸3日間。仲間たちに大変な苦労をかけました。

ところが、誰も文句を言わずに動いてくれます。埼玉からやってきた管理職は夜明けまで作業をした後、「関東にも影響が出ていますから」と言って朝いちばんの新幹線で帰っていきました。

こういう組織になっていることに対して、私は本当に誇りに思っています。

仲間を助ける際のコストは考えない

もちろん、助っ人たちが集まってくるコストを考えたら赤字です。

でも、「困ったときは大騒ぎ」の合言葉のもと、仲間が困っていたらみんなで助けるという文化が根づいてきているのは、うれしいこと。

ここで、コスト重視の視点から、「おまえら何をやっとるんじゃ」「埼玉からの移動費、宿泊費を考えたら、近場のヤッからいけ」「そもそも枚方の所長は需要の見込みが甘い。前もって手配しておけ」と叱責することもできます。

でも、そんなことは絶対に言いません。こらえているわけでも、きれいごとを言っているわけでもなく、シンプルに「すげーヤツらだなー」と誇りに思っています。感謝しかありません。

「社員同士助け合いましょう！」と標語を掲げてそれでおしまいという会社もあるなかで、「助けてください！」のメッセージに対して多くの仲間が現実的な行動に出てくれる。コスト云々は小さなことです。

そして、「先月はこんなことがありました」と「宮田の仲間」や「みらい会議」で共有することで、ほかの仲間も「あ、本当に助けがやってくるんだ」と。

フィードバックし、光を当てていくことで、そういう認識が広がります。すると、1人で悩んでいる仲間に向けて『困ったときは大騒ぎ』やろ。みんな助けてくれるやんか。なんで言わへんねん」と言える土壌ができていくわけです。

「待遇」ではなく「助け合う」社風が社員の自主性を育む

ある大手企業の部長さんは、「どうして宮田運輸の社員は自主的に助けにきてくれるのだろう？　と不思議に思う」と話してくれました。

たしかに、自主的に動いてくれる文化は、トラブルのときにかぎったことではありません。

たとえば、私たちの本社がある地元・高槻では毎年、お祭りがあります。

地域密着で商いをしてきた以上、何か恩返しとなるような参加の仕方ができないものかと考えてきました。

そこで、5年前からお祭りに合わせて、子どもたちに物流会社の職業体験をしてもらうという会をはじめました。

まずはそのための資金づくりということで、お祭り期間中の2日間、従業員からボランティアを募って焼きそばの屋台を出しました。すると、1日中焼きそばを焼くために大阪、京都の事業所以外からも助っ人がやってきたのです。総勢30人以上の仲間が集まり、2日間で170万円の売上を記録。翌日は平日ですから祭りが終わるとともに、それぞれの事業所に帰っていきます。しんどいのに岡山から来てくれた従業員は、こんなふうに言っていました。

「日報にも書いた通り、今期の岡山事業所は業績が今ひとつです。みんなに申し訳ないなと思っていたところ、お祭りのボランティアの話が回ってきました。自分は学生時代、テキ屋のアルバイトで焼きそばをつくっていたから、これだ、と。事業所の仲間が交通費をカンパしてくれて、代表してやってきたんです」

組織や仲間のために自分も何かをしたいという気持ちが伝わってきます。

彼らの持っている素直さ。自分の職場をなんとか盛り立てていきたいという気持ちを真正面から受け止めて、その力を存分に発揮できる場面をつくっていくこと。

会社の枠に囚われていると、いろいろな制約があって可能性が狭まることがあります。

ですから、活躍の場は会社の外の地域のお祭りでもいい。直接仲間を助けることができるトラブルの発生時でもいい。とにかく存分に活躍できるシーンがあることで、1人ひとりが輝いていくわけです。

宮田運輸では、今日も学園ドラマみたいなエピソードがあちこちで生まれています。

それを大らかに受け入れる土壌が、主体的に動く仲間を育てているのだと思います。

人事評価はシンプル。成果報酬型にしないから主体性が育つ

社員の主体性が高い。同業他社に比べると社員の定着率が高い。採用時の応募数が多い。このことから、よく「宮田さんのところは、特別な人事制度があるんですか？」と聞かれることがあります。

正直に言うと、こう聞かれたとき、少し困ってしまいます。

というのも、宮田運輸では人事の評価に関して、変わったことは何もしていないか

らです。

内勤の事務スタッフや配車スタッフといった一般社員は年齢と勤続年数に応じて決まっていき、ルート配送、長距離配送、短距離配送のそれぞれの運転士には売上に対する基本給にプラスして稼働状況によっての歩合が発生します。

管理職については、主任、係長、課長と役職に合わせた基準が5段階ほど設けてあり、そこに年齢と勤続年数を組み合わせるシンプルな仕組みです。

各事業所の売上によってボーナスに差が出るような、成果報酬型の評価はしていません。

枚方事業所が売上目標120％達成しました。岡山事業所は95％でした。以前は、ここで枚方事業所に特別ボーナスを出すといったことをやっていました。

しかし、物流の仕事は運ぶ荷物の種類や立地などによって売上が左右されます。それは現場のスタッフのがんばりで変えられる要素ではありません。

だとすると、売上の目標、売上高で事業所同士を比較することは、非常にバランスの悪い判断となってしまうのです。

前年と変わらぬ働き方でも目標を達成できる事業所、全員が一丸となって改善に取り組んだものの、わずかに目標に届かなかった事業所。**数字だけを見て、前者にボーナスを出すのは全社的なモチベーションを下げることになります。**

ですから、今は一律です。際立った数字を出した事業所については、後述する「みらい会議」など、全員の目が集まる場所で称賛します。フィードバックをし、成功に光を当てていく。でも、それ以上は何もありません。**以前は、「社員のために」という意識でしたが、今は「社員とともに」と考えるようになったからです。**

成果報酬型の給与体系は、短期的に見れば成果が上がるかもしれませんが、長期的に見ると、会社の資産にはなりません。社員1人ひとりが、自分に課せられた数字だけを追い求める組織では、助け合いや主体性が生まれないからです。

もちろん、こうした評価の仕組みに関する考え方が常に全員の賛同を得られるわけではありません。

実際、親子3人、同じ営業所で働いてくれていた従業員がいました。ところが、私の方針変更に反発し、父と兄が弟1人を残して当社を飛び出していったのです。

しかし、その1年後、「他社で働いてみて、はじめて宮田運輸の仲間の温かさに気づいた」と2人は戻ってきてくれました。

この出来事は進む方向に自信を与えてくれました。

成果報酬型にして差をつけ、競争をあおるよりも、「全員が宮田運輸の仲間」という意識で前に進んでいきたいと考えています。

従業員が困っていたら、会社がお金を貸し出す

一方、宮田運輸には取材にきた方々から「本当ですか？」と聞かれる、家族主義的な仕組みもあります。

たとえば、従業員に小口のお金を貸し付けるということをやっています。

これは給料の前借り的なイメージで、「車検があるから」「家族が入院することに

なって」「告別式の費用が必要で」など、一時的にお金が必要になった仲間に対して、小口の貸付を行います。

最終的な決裁者は私ですが、基本的に各事業所の所長から「○○の事情でこいつに貸したってほしいんです」と連絡が入れば、OKを出しています。なぜなら、所長が貸してやりたいと判断しているということは、事務所のほかの従業員も事情を理解し、不公平感を持っていないということだからです。

そこで、私から「事情はわかったけど、ほんまか?」と疑い出したら、仕組みそのものが成り立ちません。

20万円借りたいということであれば、月々の返済額を相談して1万円ずつで20回なのか、5000円ずつ40回なのか決めてもらい、貸し付けます。

なぜ、こうした仕組みが必要かと言えば、金策に悩んでいると仕事に集中できず、事故やミスにつながるからです。

また、消費者金融から借金をしてしまうと、生活そのものが立ち行かなくなることもあります。

そこで、従業員が「困っている」と手を挙げることができ、気軽に申し込みできる風土をつくっていくよう心がけています。自己管理ができないと突き放しても、いいことは1つも起きません。

家族が困っていたら、手を差し伸べる。助けてやりたいから、応援する。

シンプルな仕組みがあるから、従業員も困ったら相談してくれる。信頼が輪になることで、うまく働いていくのです。

管理しすぎて萎縮しても、新しい価値は生まれない

好待遇で人を惹きつけることには限界があります。

手当が5万円もらえることに慣れたら、6万円、7万円欲しくなります。

週休2日に慣れたら、3日欲しくなります。

また、管理によって人を動かす方法にも限界があります。

企業で起きる不祥事を見ていると、必ずと言っていいほど、そのどちらかの限界が

やってきて、本来、起きるはずのない出来事につながっています。

パワハラだと言われることを恐れて、上司が部下に気を遣う。面と向かってのコミュニケーションそのものを避けるようになり、やりとりは記録の残るメールやチャットが中心になっていく。

それでうまく回っている企業もあるでしょう。リスクを避けることが賢い立ち回り方なのでしょう。しかし、私は違う道を行きます。

人間が本来持っている良心、みんなが共通して持っている美点をつなぎ合わせていくことが、会社の経営にとっていちばん大切です。

人は無理やり動かそうとしても動かない

さかのぼれば、私は恥ずかしいくらいに多くの失敗をしてきました。人を動かすという意味で言うと、真っ先に思い浮かぶのが22歳のときの出来事です。

当時、宮田運輸は大手食品メーカーの物流センターの幹事会社（物流センターに出入りしている7社の運送会社をまとめる役割を担う）となっていました。

私は社長だった父に抜擢され、最初は運転士の1人として現場に入り、ほかの会社が避ける仕事も請け負って宮田運輸が幹事会社になる流れをつくったのです。

当時は、大好きなトラックを運転して取引先に貢献できることが楽しくて仕方のない時期でした。

ところが、幹事会社となってすぐリーダー役を務めていたベテラン社員が突然、退職してしまったのです。

当然、現場は大混乱です。

そんななか、私は父に呼ばれ、「お前、明日から所長や」と命じられました。22歳の若造が、取引先である大手食品メーカーの物流センターの中に事務所を間借りさせてもらい、所長になったのです。

正直、大型のトラックを運転することが楽しい時期でしたから、自分が乗れなくなったことが残念で仕方ありませんでした。それでも状況が状況です。やはり、「誰かがリーダーシップをとっていかなあかん」と。お客様との交渉や運転士の割り振りなど、全体を統括する仕事を担うことになりました。

ただ、人を動かす教育なんてものはいっさい受けていません。

どうやったらいいのかわからない22歳の私は、「役職」という権力を背景に命令口調で人を動かすことしかできませんでした。

上から目線のリーダーシップで、挫折を味わう

当時、食品メーカーの運送の仕事は宮田運輸の売上の大きなウェイトを占め、実績を重ねていた私は自信満々でした。

新たに応援に加わったベテラン運転士にも強引に配車を割り振りし、きつい業務に対して後ろ向きな彼らと衝突を繰り返していました。

今思えば20代そこそこの若造が、所長という立場の上から目線で厳しいスケジュールの差配をしてくるわけですから、ベテラン運転士の不満が高まってしまったのもよくわかります。

そんなベテランたちの思いを汲み取るような配車はせず、「使えない」「動かない」と苛立っていたのです。

とはいえ、運転士はみんな年上です。

若造の所長にあれこれ命令されるのはおもしろくありません。

「やってられへんわ」

「嫌やったら、もう帰れ！　俺が乗って走るから！」

私の心の中には、ドライバーが足りなくなったら「仕方ない」と言いながら自分が運転できるという考えがありました。穴埋めだとしてもトラックに乗れるのがうれしい。そんな甘えが残っていたのです。

しかし、喧嘩腰のやりとりを経て、何人も運転士が辞めていきました。

実際、つかみ合いになったこともあれば、トラックをバーンッと蹴っ飛ばして悪態をつき、そのまま帰って二度と現れない運転士もいました。

それでもほかの方法がわからない私は、上から目線で押さえつけよう、押さえつけようと躍起になっていったのです。


そんな私のやり方が間違いだと気づかせてくれたのは、同い年の女性運転士でした。彼女は「所長はいつも『お客様第一、お客様第一』と言うけど」と切り出し、**「でも、本当は従業員がいちばん大切なんじゃないですか。お客様第一を実現するには、従業員がいなければできませんよ」**と泣きながら指摘してくれたのです。

ただし、彼女が思いの丈を語ってくれたのは「辞めます」という話の流れとともにでした。辞め際だからこそ、溜まりに溜まったものをさらけ出してくれたのです。

たしかに、従業員が満足して働けない環境では、結局、お客様第一は実現できません。そう気づかせてくれた彼女の本音は、今も私の胸に突き刺さっています。

阪神・淡路大震災で「人はなぜ動くか」を学んだ

そんな折、大震災が発生しました。

１９９5年1月17日。

関西地方を最大震度7の地震が襲った、阪神・淡路大震災です。


私が所長を務めていた物流センターには、タンクローリー車があり、日頃はタンクにお酢を積み込み、弁当工場や食品工場へ運搬していました。

震災直後、食品メーカーの担当者は、「タンクローリー車のタンクを全部洗い、飲料水や生活用水を詰めて被災地に救援物資として届けたい」と依頼してきました。

私たちもその意志に賛同し、被災地に水を運ぶことにしました。しかし、震災直後は道路も寸断されており、山越えで半日かけて向かうルートくらいしかありません。

運転士にかかる負担は大きく、現地で給水を終えた最初のタンクローリー車が戻ってきたのは夜半近くでした。往復で丸１日です。

さぞかし運転士は疲れ、嫌な顔をしているだろうな。

きつい仕事を割り振ったことについて文句の1つや2つは言われるのだろうな。そう覚悟してベテラン運転士のところへ行くと、「すぐにタンクに水を補充してくれ。今から現地に戻る」と真剣な顔で訴えたのです。

普段、少しでもきついスケジュールの配車をすると不平不満、愚痴を言われていたのに、強引にでも自ら行こうとする姿勢に驚きました。

そこで、「どうして戻るんや?」と聞くと、被災地にはペットボトルを持って並ぶたくさんの被災者がいて、水を届けると列をつくっていたおばあちゃんたちから「にいちゃんありがとうな。今度はいつきてくれんねんかな」と言われた、と。

「だから、すぐにでも水を積んで行かなあかん」と言うのです。

誰かのためなら人は自ら動く

とはいえ、ほぼ休まずの運転です。

私は「ちょっと休憩したほうがいい」「寝てないんやろ」「無理はするな」と言いましたが、運転士は「行かせてくれ」「待っている人がいるんや」と積み込む手を休めません。結局、熱意に押され、うちの嫁さんがつくったおにぎりを持たせて、再び被災地に向かうタンクローリー車を見送りました。

そのとき、私は運転士の必死な姿を見て、自分が仲間に線引きをしていたことに気づいたのです。

不満を持ち、渋々といった感じで仕事をするベテラン運転士たちにそういう態度を取らせていたのは、彼らの思いを考えずに強制的な命令で配車をしていた自分だ、と。

運転士自身が行きたくなる、行かなくちゃいけないと思えるような状況をつくれば、彼らは使命感を持ってトラックを走らせてくれるのです。

被災地で水を待つおばあちゃんのためになら、目の色を変えて「行かせてくれ」とハンドルを握るように。

それを私は、不平不満を言う運転士が悪いと決めつけていたのです。**しかし、彼らは「寝る間を惜しんでも誰かの役に立ちたい」という想いを持っている。それを引き出すことができなかったのは私でした。**

「なんでやらないんだ？」という苛立ちばかりが先に立ち、同じ仲間だと信じ、相手の気持ちに思いを馳せる努力をしていなかったのです。

人を信じると決めた。選ばれ、応援される会社にすると決めた

「プロローグ」で触れた人身事故の後、私は「人をとことんまで信じる経営をする」と決めました。そして、「従業員からも、社会からも選ばれ、応援される会社にする」と決めました。

その想いは漠然とした塊のようなもので、言葉にすると、「理想」「希望」「愛」「志」といった単語になるのかもしれません。

人の何を信じるのかと言えば「心」です。

前述しましたが、日頃、どんなに不平不満、愚痴を言っている人であっても、心のなかにはやさしさを持っています。それを表に出すきっかけを失っているだけなのです。

人の心を信じ切る

誰かの役に立ちたい。
人助けのできる自分でありたい。
仲間と一緒に何かを成し遂げたい。

そういう想いを誰もが持っています。
経営者や現場のリーダーが何よりも最初にすべきことは、そっぽを向いて人の話を聞かない若手も、斜に構えて自分のペースを崩さないベテランも、疲れてしまって視野が狭くなっている中堅も、誰もがやさしい心、「人助けをしたい」という想いを持っていると信じること。

人の心を信じ切ることだと思います。

そういうリーダーを、部下がどう思うかは関係ありません。
私の場合、とにかく「トラックが好きだ」という子どものころからの気持ちを大事に、人を信じて思いっ切りやっていこう、と。そう決めたわけです。

こうした幼いころに持っていた純粋な自分の想いを、大人になり「社長」という立場になったことで忘れていました。しかし、事故をはじめとする手痛い経験が、「人に動いてもらう立場のリーダーにとっていちばん大事なのは純粋な心なのではないか」と気づかせてくれたのです。


社長だからこうあらねばならぬ。父親の業績を超えなければいけない。周囲の期待に応えなければいけない。自分の実力を示したい……。

そういった欲や見栄とは別に、子どものころに持っていた想いを今の仕事のなかでどんどん発露していこう、と。

そうすると、従業員も「あ、これでいいんや」と思って、自分たちの純粋な想いを発露してくれるのではないかと思ったわけです。

実際、信じると決めて実行しはじめた途端、人とのつながり方も変わり、出会いも増え、宮田運輸を取り巻く環境は大きく変わっていきました。

理詰めで管理すると、「やらされ感」が生まれる

私たちはついつい理屈に頼ります。

Aという仕掛けをすれば、Bという変化が起き、Cという結果が期待できます。

たとえば、目標を定め、管理すると、効率化という変化が起き、よりよい結果が期待できます、と。業績のよくなってきた中小企業やベンチャー企業に対して、「コンサルティングのプロ」と呼ばれる人たちは、そんなアドバイスをします。

家族主義的な経営、起業したての勢いに任せた経営は、外から指摘しやすい無駄があり、経営者や現場のリーダーも思い当たる点は多いので、こうしたアドバイスに納得するわけです。

ところが、実際に外から持ってきたやり方を試してみると、短期的に結果が出ても

長期的にはうまくいきません。

なぜなら、それぞれの会社にもともとあった仕事の楽しさが薄れてしまうからです。**現場で働く人たちは、上からの管理が強くなると「言われたことをやらなければならない」という「やらされ感」とともに仕事をすることになります。** すると、仕事そのものを楽しむ感覚が薄れます。

そして、言われたことをクリアしていけばいいという取り組み方からは、新しいアイデアが出てこなくなるのです。それでも管理を強めた当初は作業が効率的になり、見た目の数字は回復します。

ところが、現場からの業務改善の提案などが減るため、長期的には業績がゆるやかに下降しはじめるのです。そのとき、経営者や現場のリーダーはうまくいった理屈に頼ります。

つまり、よりよい数値目標を設定して、より管理を厳しくし、進捗をチェックする頻度を上げれば業績は持ち直すと考えるのです。

でも、これは考えてみるとすぐにわかりますが、悪循環のはじまりとなります。

現場は「言われたからやらなければならない」「上にいい結果を報告しなければ申し訳ない」と、ますます受け身になり、「やらされ感」を強く持つようになるのです。**その結果、現場ならではのアイデアを出し、状況に応じた対策を打って、トラブルを乗り越えてきた主体性や行動力は鳴りを潜めてしまいます。**

すると、状況は改善するどころか悪化し、苛立った経営者はさらに管理を強め、組織全体がギクシャクしていくのです。

マネジメントではなく「仲間づくり」

「理屈で管理しながら、主体性を発揮しなさい」というのは成り立たないのではないか。むしろ、リーダーが自ら想いを発露させて会社を経営することが、いちばん伝わるのではないでしょうか。

私は「マネジメント」という言葉をあまり使いたくありません。

1人ひとりが自分の本来持っている想いに気づくこと。それを発揮すること。そのための気づきの場をつくり、気づいたことを発揮できる環境をつくっていくこと。

会社がそういう場になるよう心がけ、動いていくのが経営者の仕事だと思っています。それはマネジメントではなく、仲間づくりのようなもの。

1人ひとりが5カ月後なのか、5年後なのかわからないけれど、主体的な人生を歩み出してくれれば、それが会社の財産になるのです。

言うなれば、想いだけを共有していれば、後は1人ひとりが自分の良心に従って仕事をすることで結果につながっていく。

企業の成長・発展には、従業員が幸せになっていくことが欠かせません。

数字だけでなく、人が成長して、主体性を持つようになってこそ会社は発展していくのです。

第
2
章

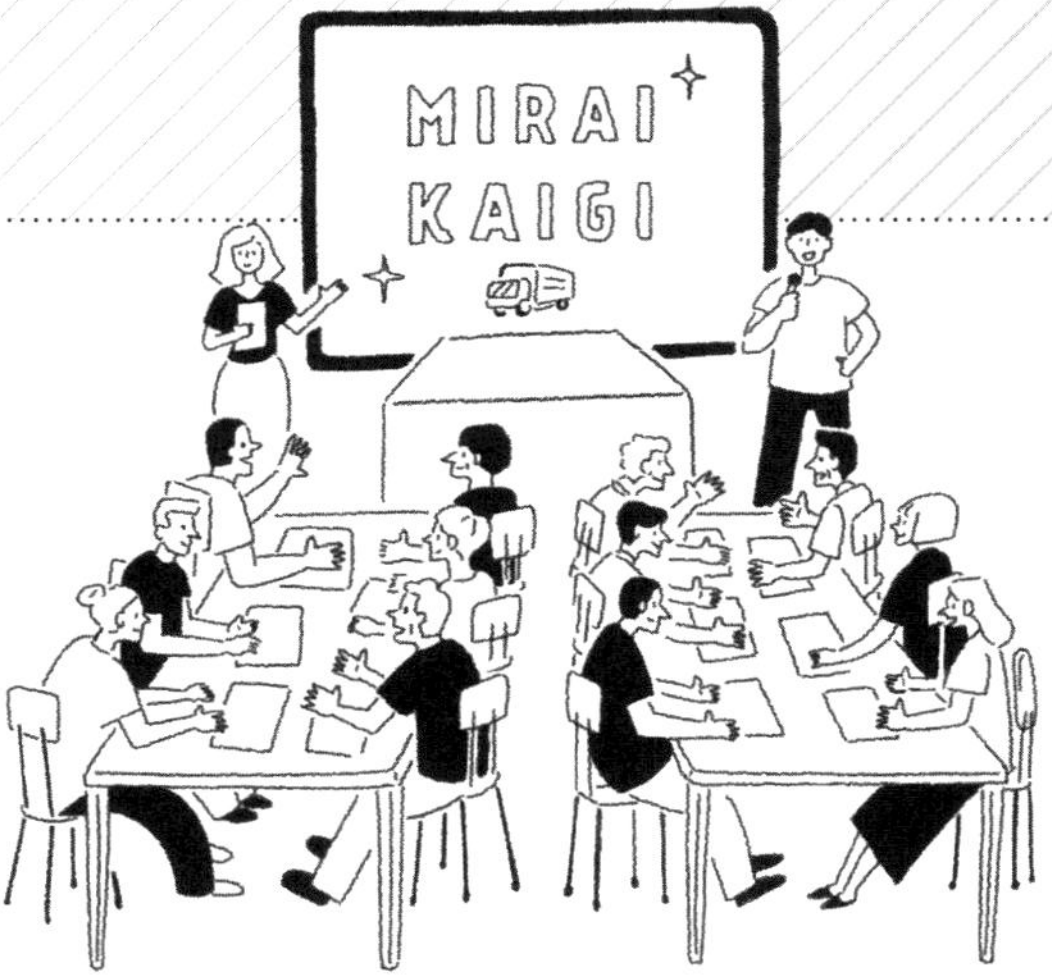

1人ひとりを信じて任せる

従業員の主体性を生みだす仕組み

人をとことん信じる会議「みらい会議」とは？

「人をとことんまで信じる経営をする」「従業員からも、社会からも選ばれ、応援される会社にする」と決めた後、私は自分のなかで次の４つのルールを定めました。

・すべての人にいいところがあると信じること
・従業員と心と心で接すること
・従業員がいいところを発揮できないのは会社のせい
・従業員がやる気を出してがんばれる環境、機会を提供するのが経営者の役割

そのルールの実践の場として、月に１回「みらい会議」と呼ばれる経営会議を開催しています。開催日は日曜日。参加・不参加は自由です。

また、同業他社の方でも、他業種のビジネスパーソンでも、地域の方々でも、誰でも参加することができます。

部署や役割、立場で分断されることなく、1人ひとりが自分ごとで会社のことを考える場になっています。そんな社内外の誰もが参加できる「みらい会議」をはじめてから、私は改めて主体性を発揮して人が動いたときの力の大きさに驚かされています。

以前の幹部会議では、目標、売上といった数字をモノサシに客観的なデータを使い、理詰めで人を動かしていこうとしていました。

「○○という目標を掲げたのに、□□という数字が出ていない。その原因は××にあるから△△をして改善しましょう」と。

理路整然としていて、その場では誰もが頭で理解できます。

ところが、翌月も翌々月も事態は改善しません。変わらぬ現状に上がイライラしはじめると、参加する幹部たちはこちらの顔色をうかがうようになります。そして、上のイライラを収めるための行動をとりはじめるのです。

指示待ち、忖度、スケープゴートづくり……。

数字というモノサシで測り、理詰めで絞れば絞るほど、従業員の主体性は失われていきました。

もちろん、トップダウンの施策によって状況が改善することはあります。目的が数字を上げることだけであればそれでもいいでしょう。しかし、私の場合、頭では数字を追いながらも、心では人が育つこと、全員が希望を持って働き、幸せになることを願っていました。

はっきり言ってしまえば、数字が上がっても全然うれしくなかったのです。心が動かない。だったら、それは違うのではないか。

そんな思いもあって従来の幹部会議をやめ、「みらい会議」をはじめたわけです。

役職など関係なく、全従業員自由参加。家族との用事があって休む幹部もいます。なんの問題もありません。子どもの行事がある日曜日に会社の会議に出るなんて、心ここにあらずになってしまいます。そんな状態で資料をめくり、座っていてもいいアイデアなんか浮かびません。

別の機会に参加してくれたら、それでOKです。

パートのおばちゃんのひと言で、長年未達だったノルマを達成

ある日の「みらい会議」では、こんなことがありました。

そのとき議題となっていたのは、パレットの清掃です。

各事業所にはパレットと呼ばれる荷物を載せる台が大量にあります。トラックに積み込む荷物はいったん、パレットの上に整理され、それをフォークリフトなどで運ぶわけです。

合成樹脂製のパレットは、定期的に清掃しなければ上に載せる荷物が汚れてしまいます。私たちはパレットのレンタル事業を行っている企業と契約。宮田運輸の各取引先の現場から回収したパレットを清掃し、返却する業務を代行しています。

目標枚数は月間3万枚。これを各事業所に割り振り、毎月のノルマを決め、パレット清掃を行ってきたわけです。ところが、ノルマ未達が常態化していました。

現場の従業員には、パレットの清掃は物流の本筋とは離れた、些末な業務だと受け止められていたのです。

そもそもパレットは当社の備品ではありません。

また、一定期間以上使ったパレットはレンタル事業者の手で廃棄され、新品に変わっていくので、現場で清掃するスタッフの心には「いずれは交換するのに」という思いが生じてしまうのでしょう。

そんな背景はあったものの、3万枚の契約を果たすことで得られる売上は会社にとって定期的な収入という十分な意味を持っていました。当然、以前の幹部会議ではノルマが達成できない事業所の所長が責められていました。

「なんでできへんの？　ミーティングしている？」

「適正人数集めて、稼働時間決めて、がっとやればええやろ？」

責められた所長は事業所に戻って、担当者を叱咤したことでしょう。それでも状況は何カ月も改善されないままでした。

ところが、「みらい会議」をはじめた途端、問題はあっさりと解決されたのです。

その日の会議には、まさにパレット清掃を担っている現場のパートのおばちゃんが参加していました。

「月間3万枚の清掃ノルマが達成できない」という議題に対して、所長が現状を説明したところ、そのパートのおばちゃんが手を挙げて「**社長、3万枚なんて簡単や。私、明日現場行ってみんなに言うから大丈夫やで**」と。

所長が何カ月も働きかけて改善できなかった問題を現場のおばちゃんが解決できるのか……、半信半疑で「お願いします」と頼んでみました。

すると、1カ月後、3万枚の清掃ノルマはあっさりと達成されたのです。

理詰めでカラクリを説明すると、こういうことでした。

パレット清掃に携わっているスタッフは、「このパレットがどう使われ、なぜきれいにしなければいけないのか」「きれいにするとどんな効果があるのか」という流れを理解していなかったのです。

だから、「きれいにしろ」と命じられても、「どうせ、そのうち新品に交換するんだから」とほかの業務を優先させていた、と。

では、所長がていねいに流れと理由を説明して「やれ」と指示し直していたらうまくいったのでしょうか。私は違うと思っています。

仕事の意味を理解できれば、人は動けるようになる

所長から「そんなわけで、今月こそ3万枚やらなあかんからな」と言われても、やる気が湧かない。それは所長が上を見ての「お願いの形をした命令」だからです。

「みらい会議」にやってきたパートのおばちゃんは、自分の目で資料を見て、パレット清掃の役割を知り、「きれいにすることは、荷物を送る側、受け取る側にとって大切なことだ」と腹落ちした状態で、どうすればノルマをクリアできるか考えました。

そして、現場のスタッフが自分と同じようにやる気になって、ほかの業務との仕事量を調整すれば十分に3万枚をきれいにできると確信し、手を挙げてくれたのです。

人は、心の底から「やろう」と思ったとき、はじめて主体性を発揮します。

現場にいて、自分のやっていることにどんな意味があり、全体の流れのなかに自分がどう参画しているのか。その仕事の結果が誰かを助けるものなのかどうか。どう助け、どう役立っているのか。そんなことがわかったとき、人は「やろう」と

思います。

「みらい会議」は何から何まですべてをオープンにした会議です。

参加すると、当社で働いている人はどの部署であろうと自分のやっていることが宮田運輸にとってどんな意味を担っているのか、知ることができます。

パレット清掃は一例ですが、誰かがやる気になってくれるなら「みらい会議」を開催していく意義があると考えています。

何カ月かに1回でも、誰かが自分の仕事の価値に気づき、主体性を発揮するようになってくれるなら意味があります。

理詰めで解決して、数字がよくなっても、支える人が育っていなければ長続きしません。

主体性が消えていくような会議をいくらやっても意味がない。人が育まれていく、良心が育っていくような会社にしていくためには、何もかも開示して、参加してもらえる場をつくることが大切です。

参加者が涙する会議、みらい会議で行われていること

前述の通り、「みらい会議」は完全な自主参加方式です。そのうえ、日曜日に行っています。

あなたが従業員だとしたら、休日に行われ、手当が出るわけでもない、顔を出さなかったからといってペナルティがあるわけでもない会議に参加したいと思うでしょうか？

私自身、「みらい会議」をはじめた当初は「誰もこなかったらどうしよう」と不安に感じていました。その不安は各事業所の所長にも伝わったようで、彼らは自分の事業所から何人参加したかをこっそりチェックしていました。なかには、強引に参加するよう誘っていた所長もいたようです。

ただ、そんなふうに誰かの顔色をうかがいながら参加するような状態なら、「みら

い会議」を行う意味がありません。

そこで、とにかく内容を充実させることに腐心しました。一度、参加したら「またきたい」「ここにくれば仲間に会える」と。そう思える会議にし、最終的に全従業員が参加するようになったら、宮田運輸は最強の組織になるのではないかと夢見ながら、会議に向けてたくさんのエネルギーを使っています。

今、「みらい会議」の流れは次のようになっています。

第一部：09：30〜12：30：人を生かす数字、人を育む経営会議
第二部：13：00〜14：00：ヨガ
第三部：14：00〜16：00：優しい心を育む

午前中は経営に関する数字を網羅した分厚い資料を使って各事業所が報告する報告会です。この資料は社内外の区分けなく、参加した人全員に配っています。

当初は機密漏洩を心配する声もありましたが、なんら隠す必要のない数字ですから

赤裸々にオープンにしています。
なかには暗い顔をして参加している所長もいます。「なんでそんな暗い顔をしているの？」と聞くと、みんなの前で「今月は思っていたよりも、事業所の売上が低かったので悔しい」というわけです。そこで、社長がどういう反応を見せるかで会社の風土は変わってきます。

「悔しいなら、来月がんばれ」なら、従業員は数字を追いかけるようになるでしょう。

ただ、私の場合、数字をすべてオープンにしているわりに数字そのものにはこだわっていません。

「悔しがるのはええけど、みんなも数字に囚われるな。そんなん、赤字でも黒字でもどうでもええ」と言ってしまいます。

社長が数字を追うと、真面目な従業員ほどプレッシャーを感じます。数字を残すために効率を求めて安全を疎かにする可能性もあります。だから、こういうスタンスをみんなが共有することに意味があるのです。

とはいえ、経理の担当者からは「社長、数字なんかどうでもええって言われるとちょっとつらいです」と渋い顔をされてしまいましたが……。

ともかく、「会社がこう言うているから」「数字を達成しなくてはいけないから」とは言わせない会社でありたい。自分で仕事の意義や楽しさを見出し、自分の判断で動ける人間をどれだけ増やしていくことができるか。

上が「こうやればうまくいくんじゃない？」と言えば、真面目な従業員は応えてくれます。そのかわり、本人の主体性は消えていきます。それでは意味がありません。

成長のためには待つことです。

目先の数字を達成し、課題を解決する以上にすべきことがあるのです。

そういった将来像を思い描きながら、経営していくとこれほど楽しいことはありません。

1人ひとりの「働く理由」を明確にする

「みらい会議」では、以前よりも詳細な各事業所の数字をすべてオープンにしています。毎月の目標値は変わらず設定していますし、部門別の目標管理シートなどを使い、達成できたかどうかの報告も厳密に行っています。

ただし、それは数字を追うことが目的ではなく、現場上がりの私たちの勉強のため。そういう感覚で数字を提示していくと、トラックの運転士も、パートのおばちゃんもそれぞれの立場から懸命に読み解こうとしてくれます。

目標値を達成するように詰めるのとは違うやり方。言葉にするのが難しいですが、数字が人を育むような形になるよう数字を使っている感覚です。

たとえば、ある日の「みらい会議」でこんなやりとりがありました。

ある事業所の利益について「なんでこんな少ないの？」というストレートな質問が飛び出し、担当者はあたふた。数字を見ると、たしかに売上に対して利益が少ないことが一目瞭然です。

コストを下げるなど、努力をすれば利益が増えるのではないか？　と思われるのも仕方ありません。部分最適で物事を考えていけば、当然の結論です。しかし、現場には数字だけでは見えない現実があります。

この事業所の利益が低いのは、タンクローリー車を使っているからでした。

そこで、私から「いや、タンクローリーは利幅が薄いねん」と説明しました。というのも、タンクローリー車は取引先の特定の荷物（お酢）を運ぶために使っています。製造工場で直接、タンクにお酢を入れ、それをお弁当の工場など、食品加工を行う別の工場へ運ぶわけです。

ほかのトラックでの物流と異なり、今、車が空いているから別の荷物を載せて、違う取引先へ向かうといった運用はできません。食品を運ぶタンクですから品質管理が重要です。効率を求めてほかの積荷を載せるわけにはいきません。

つまり、ほかの車両に比べて明らかに稼働率が低いわけです。しかも、受注量は取引先のニーズによって変動する受け身の仕事でもあります。

もし、ここで数字を上げようとするなら、輸送の単価を上げるくらいしか手がありません。

そんな説明をすると、「儲からへんなら、やめたらええのに」という意見も出ました。でも、私たちはタンクローリー車での業務をやめるつもりはありません。

なぜなら、宮田運輸全体で見ると、その食品メーカーはとても重要な取引先で、タンクローリー車を使わない業務では儲けさせていただいています。

また、タンクローリー車を持っているからこそ、阪神・淡路大震災のときに被災地へ水を運ぶこともできました。そのことに対して、私たちは誇りを持っています。

売上、利益の数字だけに着目してしまうと、見えない部分です。しかし、その見えない部分にフォーカスし、「なぜ、この仕事が大事なのか」を、従業員に理解してもらう努力をすべきなのです。

そんなふうに美点凝視の視点で各事業所の報告に対して私がコメントし、午前中は終了です。

自分の存在価値を仲間と共有する

お昼休憩を挟み、午後は田中智子氏、野澤卓央氏という2人の外部講師を招いてのヨガとワーク。ヨガでリフレッシュした後、ワークでは参加した全員の人生観を掘り下げていきます。すると、その過程でいろいろな仲間との絆が浮かび上がってきます。

たとえば、運転士から配車スタッフへの異動を求められ、「嫌や」と固辞していた従業員が「死ぬときに自分のことを仲間に覚えていてもらいたい。そのためにも求められた仕事で役に立ちたい」と話し、「僕ができるかできないか、可能性があるかどうかわかれへんけども、配車という業務を事務所に入ってやります」とみんなに宣言しました。

こういう場面をみんなで共有することで、より絆が深まっていく。

最後の懇談会では人生を語り合うなかで、参加者が感極まって涙を流すこともめずらしくありません。

参加者が涙する会議、それが「みらい会議」です。

従業員からの質問に別の運転士やパート従業員が答える

午前中の「人を生かす数字、人を育む経営会議」でも、一般的な会議の常識とは異なるやりとりがあります。

たとえば、事業所の具体的な数字、トラック1台あたりの売上の推移などについて外部の方から質問があったとしましょう。通常なら、所長などの管理職が答えるべき場面です。

しかし、運転士が参加していれば運転士本人がたどたどしくも真剣に受け答えをし、ときには倉庫作業を担っているパートのおばちゃんが、おばちゃんの視点から見たその月の荷物の状況を報告することもあります。

非常に正確な数字をオープンにし、それを材料に会議は進んでいくわけですが、こうした光景を見ると私は「数字なんか関係ないいな」と思ってしまうのです。

大事なのは、週に3回のパートのおばちゃんが自分事として事業所の売上の動きを肌感覚でつかんでいること。運転士が自分の運転するトラックの果たしている役割を事業所視点、会社全体の視点で見ようとしてくれること。

それを外部の人に対して、それぞれの価値観や言葉で伝えようとしてくれること。パートのおばちゃんの指摘に経営層が唸り、新人運転士の素朴な疑問が運送の仕組みを改善するヒントになり、計算に計算を重ねた業務改善の仕組みを発表しても、現場で働く人たちにはまったく響かないことが明らかになってしまったり……。価値観の違いが明らかになって、そこから意外な展開へと発展していくのが、楽しくてたまりません。

身なりもスーツ姿なんかではありません。でも、一緒になって懸命に宮田運輸を盛り立てていこうという姿勢が伝わってきます。

そして、会議の最後には参加してくれた人たちから、ひと言ずつコメントをもらっています。

あるとき、初参加だった物流大手の社員さんが「こんな会議、僕ははじめてでした。

誰もが本気なんですね」と言って涙を流してくれたこともあります。

その社員さんは次の会議のとき、同僚や部下を連れて参加してくれました。心を動かす何かがある場であれば、人は戻ってきてくれるのです。

人への想いが社外の人を惹きつける

ただ、「みらい会議」に参加する宮田運輸の従業員は、毎回60人ほど。295人のうちの60人ですから約2割です。回を重ねるごとに増えてきてはいますが、まだこれからです。

それでも福岡県から福島県まで各事業所が離れていますから、普段は会えない人と再会し、交流できるのが楽しみという声もよく聞きます。仲間意識を持ち、一体感をつくっていく場にもなっているわけです。

そこに地域の人や協力会社、同業他社、銀行の人など、さまざまな参加者が加わっています。今は「こどもミュージアムプロジェクト」のホームページに、「みらい会議」の参加フォーマットがあるので、そこから物流の世界にはまったく関係のない一般の方からの参加もあります。

先日は、「帯広に住んでいます。フェイスブックを見て興味を持ち、参加しました」という方がいて、驚きました。

「何に興味を持ったんですか？」と聞いたら、「人への想いです」と。愛に惹かれてやってくるわけです。こんな会社の会議、ありませんよね。

会社を経営していくというのは、不安なものです。

会社を潰したらあかん。従業員を、仲間を路頭に迷わしたらあかん。そんなことを考えない日はありません。

また、クレームや事故の知らせが入ったらどうしようか。あいつらはみんなちゃんとやっとるかな？　と。何かにつけて不安になる種がそこここにあるわけです。

だからこそ、人を信じよう。仲間を信じようと決めました。

「みらい会議」で、資料を全部持って帰ってもらうのも、その表れの1つです。

「みらい会議」で配っている資料には、宮田運輸の経営状況が手に取るようにわかる数字が記載されています。すべてオープンです。

当初、経理の担当者は「各事業所の従業員たちはともかく、社外から参加している他社の人たちのぶん、一般の人に渡したぶんは、会議の終了後に回収しませんか」と言っていました。「情報漏洩があったら、問題です」「会計士の先生からもそう言われています」と心配してくれていたわけです。

しかし、私はガバナンスが整っていることが立派な会社の条件だとは考えていません。「資料を渡し、持って帰ってもらうことで何か問題が起きているなら、実態を把握してから言ってください」と。

そうではなく、「何かあったら心配だから」という理由だけで言っているのなら、「もっと人を信じていこう」と伝えます。

不安や恐れによって先回りして、区分けし、管理していく。あの事故以来、そんなやり方はやめようと決めたからです。

経営の基本に希望、理想、愛、志を置き、思い切りやっていこうと決めたら、不安は浮かばなくなりました。私にとっての「みらい会議」は、そういう覚悟の確認ができる場にもなっています。

この仲間のためにやっていこうと、改めて思えるのです。

みらい会議は、フィードバックと承認の場

「みらい会議」では、どうしてすべての数字をオープンにするんですか？ と聞かれることがあります。そんなときは、「光を当てるためです」と答えています。

数字を共有することで、自分が今やっている現場の仕事がどう経営にかかわってくるのかが見えてきます。**働く人の心の中には、やっぱり「経営に参画したい」という気持ちがあります。普段は表に出ていない想いであったとしても、数字という形で見える化することで経営にかかわっている一体感を持つことができるのです。**

数字をもとに私や経営幹部たちが、「ああせえ」「こうせえ」と言うことはありません。大事なのは見せること。すると、夜勤明けで「みらい会議」にやってきた運転士が、「じゃあ、僕は時間に余裕があるときは高速道路を降りて、下道を走ります。経費削減になるやろ」なんてことを言ってくれるわけです。

それで削減した経費分が本人の給料になるわけでもないのに、率先して会社のために何かしようとアクションを起こしてくれる。私は「ありがたい。感動するわー」と素直に気持ちをフィードバックします。

大事なのは、このフィードバックです。心の中で「ありがたい」と思っていても伝わりません。従業員の心から出た1つひとつの提案に対して、短い言葉でも社長が応えることで橋渡しされる気持ちがあります。

また、その場での発言ではなくても、日報に書いてあったエピソードを読んで「えぇな」と思ったことがあれば、それについて「この間の日報のエピソード、感動したわ」と伝えます。

あるいは、ある課長がタイムカードを押した後、倉庫作業をしていると聞いたときは、全員の目がある「みらい会議」の場で「おまえ、あれはやめたほうがええ。その気持ちはうれしいけど、そこまでやらんでええ」と言いました。そして、「そうしないと倉庫の作業が終わらないのなら、全体で改善策を考えよう」と。

課長も「自分の行動が、その意味も含めて知られている」とわかることで感じるものがあるはずです。

ですから、私が「みらい会議」で気を配っているのは、そういった日頃は光が当たっていない現場の1人ひとりの働きに光を当てること。**「社長は知っていたのか」「所長はわかっていたのか」と感じてもらうことが、次へのモチベーションになっていく。**

逆に言えば、私が「みらい会議」に同席しながらやっていることはそれだけです。

従業員1人ひとりに光を当てる

私たちは自分のしたことについて、誰かから光を当ててもらうとうれしくなります。それは自己承認欲求が満たされるからです。

「みらい会議」の後の懇談会で、山本のおばちゃんという従業員が「転籍してきて本当によかった」という話をしてくれたことがあります。

山本のおばちゃんは倉庫作業を手伝ってくれているのですが、以前は大手の会社から派遣できてくれていました。その会社が派遣事業から撤退することになり、宮田運輸に移ってきてくれたのです。

その理由を彼女に尋ねたところ、こんな答えが返ってきました。

「仕事の内容は変わらないのに、前は嫌々やっていたのが、宮田運輸にきたら毎日倉庫に行くのが楽しくて。何が違うんやろ？　と考えたら、見てくれている人がいるからやとわかった」

さらに聞いたら、どうやら転籍してきて不安いっぱいだったころに、私が「大丈夫やから」と声をかけ、頭をぽんぽんとしたらしい。それが「会社を好きになる魔法やった」「それから私の人生は変わったんですよ」とまで言ってくれたのです。

こちらとしては何か魔法をかけたわけでもなく、ただ思ったままの言葉をかけただけです。計算も何もない。励ましたいからの行動でした。それが山本のおばちゃんの心には深く響いたのでしょう。

そんな山本のおばちゃんは今、病気療養中です。

「今、ガンが見つかってちょっと落ち込んでいるから、また元気をもらおうと思ってこの間、会社に行ったのよ。でも、行ったらおらんし、がっくしやったわ。今日会えたからいいけど」

先日の「みらい会議」でそう言って笑っていました。幸い経過は良好のようです。

また、ある日の「みらい会議」では、日系ペルー人の運転士とそのお母さんが参加し、彼が事業所を代表して報告を行いました。息子の運転士は日本語が堪能ですが、ペルー育ちのお母さんは挨拶程度。なかなか日本の社会に馴染めず、家にこもっている時間が増えていたそうです。

そんな事情を察して事業所の所長が運転士の彼に「事業所の新年会にお母さんを連れておいで」と声をかけました。私は新年会にやってきたお母さんが、息子が事業所の仲間と打ち解けている様子を見て喜んでおられたと聞きました。

そこで、運転士の彼に「みらい会議は誰でも参加ＯＫやから、お母さんを連れてきいや」と伝えたのです。外に出る機会をつくり、息子が活躍している姿を見て、少しでも元気を出してもらえたらと考えてのことでした。

当日、事業所を代表して報告を行う息子の姿を見て、お母さんは涙を浮かべて喜んでくださいました。国や文化の違いに関係なく、やはり親は子どもががんばっている姿を見ると心底うれしいものです。

だから、お母さんの涙を見た会議に参加しているほかの従業員たちも涙を流す。代表して話している運転士も泣いてしまう。しんみりした涙ではなく、心と心がつながったうれしい涙でした。

こんなエピソードが次々と飛び出してくる会議もそうそうないと思いますが、それが宮田運輸のいいところだと誇らしく思っています。

そして、運転士の彼はみんなの前で事業所の数字を発表したことで、翌日からの仕事ぶりが変わってきます。経費の使い方も含めて、自分の仕事の仕方が事業所の数字とどう関連しているのかを自覚し、「次もみらい会議でいい結果を報告したい」と努力してくれるはずです。

そういう内発的なやる気を引き出す効果も期待しつつ、数字とともに1人ひとりの努力をオープンにし、そこから参加した人たちが何かを感じ取っていくこと。

人は自分の成したことに対して「がんばり、知っとるで」「見とったで」という反応をもらうだけで、次へのやる気を湧き立たせるもの。

「みらい会議」が自分のこと、仕事のこと、事業所のことを知ってもらう場として機能することで、主体性を持った社員が育っていくのです。

みらい会議では、重要案件もみんなの前で即断即決

ある日、関東から私を訪ねてきた人がいました。

運送会社で配車を担当しているという彼は、大阪の宮田運輸まで自分で2トントラックを運転し、「宮田社長に会いたい」とやってきたのです。

話を聞くと、トラックに子どもの描いた絵をラッピングする「こどもミュージアムプロジェクト」に感動して、「どんな人がはじめたのか知りたいと思った」と言います。

喫茶店に移動すると、彼、川和宏彰くんは1時間以上、関西人も驚く勢いで喋り続けた後、「宮田運輸に入りたい」と言い出しました。ただ、「家庭の事情があって関東から離れることはできない」とも。

そこで、私は川和くんを次の「みらい会議」に誘いました。心の中では、もう「ほな、おいで」と雇う気持ちになっています。

というのも、企業が発展するかどうか、存続していくかどうかは、働く人しだいだからです。

働く人たちが成長していく組織になっていれば、細かなトラブルが起きてもたやすく乗り越えていくことができます。

そのためには経営者が従業員を信じ、従業員も経営者を、会社を信じてくれる関係をつくっていくことが欠かせません。

その点、最初からこちらを信じてくれている川和くんのような存在を逃す手はないわけです。

埼玉深谷事業所の設置をその場で決定

ただし、彼を迎え入れるためには働く場所の問題を解決しなければいけません。

そこで、「宮田運輸が関東に事業所を出すとしたら、どこに、どんな物件を借りる?」という宿題を出しました。

「みらい会議」の当日、川和くんは調べてきた倉庫物件と事業所の予定地として埼玉県の深谷を選んだ理由を堂々と発表。高速道路のインターチェンジからも近く、賃料も納得のいく額で、新規開拓できそうな顧客も見えているといった理由はあれど、何よりもうれしかったのは、川和くんの本気度でした。

「本当にやりたいんやな？」

「はい。絶対できます」

「ほなやろう」

後日、役員会を開いてではなく、「みらい会議」に参加したみんながいるその場で埼玉深谷事業所の設置を即決しました。

信頼して任せることが、従業員の主体性を劇的に上げる

「みらい会議」は社内外の多くの人が集まるだけに、その場で認められることで本人の「やろう」という意欲が高まっていきます。そして、自分が全面的に信頼されていると感じる瞬間は、確実に本人の次のやる気につながっていきます。

だからこそ、私はその場で即決することを大切にしているのです。

業務改善や従業員のモチベーションアップと言うと、「PDCAを回して」「KPIを設定して」などという単語が出てくることがあります。

もちろん、効果はあるのでしょう。

でも、本質はもっとシンプルで、仕事をする人のやる気と会社の向かいたい方向が合致したとき、モチベーションが上がり、期待する業務改善が実現するのです。

人は結果が出れば、自信が増し、成長していきます。

会社のなかに、そういった1人ひとりが前向きな気持ちになれる場を多くつくること。これが経営者の役割だと思います。

以前、物流の現場で働くリフトマンが、「僕は日曜日の夕方がいちばん楽しいんですよ。作業服を洗濯して畳んでいると、今週1週間、どんなことがあるかなってワクワクしてくるから」と話してくれたことがあります。

従業員がそういう感覚を持ってくれる環境をつくり上げていくこと。それさえできていれば、事業はうまくいく。人がイキイキ働いていれば、大丈夫。私はそんなふうに思っています。

ちなみに、埼玉深谷事業所を出すと決めたとき、宮田運輸は北関東での取引先を1つも持っていませんでした。仕事が1つもない状態だったのです。そこから川和くんががんばり、1カ月後には500万円の売上をつくり、現在も順調に取引先を増やしてくれています。

その間、細かな指示は出していません。

目標を設定し、きちんと管理して、マネジメントしていくと経営者は安心できます。しかし、目標を設定する本当の目的は仕事を通して、人が育っていくことであるはず。

従業員のやる気がいい方向に向いているときは、任せるのがいちばんです。

第3章

リーダーに最も必要なのは「愛」

人をとことん信じ切る「心の経営」

リーダーは「愛」がなくては務まらない

物流会社は24時間365日休みません。

たとえば、有名料亭のおせち料理が大晦日に宅配便でみなさんのお宅に届くのも、夏休み、冬休みなど、時期に関係なく全国のスーパーやコンビニの店頭に商品が潤沢に並ぶのも、物流が止まることなく動いているからです。

そして、その物流網を現場で支えているのが、1人ひとりのトラック運転士です。

私は子どものころ、親しみやすさから「運転手のおっちゃん」と呼んでいましたが、今はリスペクトを込めて「運転士」という言葉を使うようになりました。

運転士の勤務時間は、一般企業のビジネスパーソンに比べると不規則です。

早朝に出発する便もあれば、夕方に出る便、深夜に出る便もあります。行きに積み込んだ荷物を目的地で降ろし、帰りは別の荷物を積み込んで戻ってきます。物流センターなどで荷物が積み込まれるのを待つ時間も含めると、1回の勤務は長時間にわたります。

当然、交代での勤務にはなっていますが、多くの運転士が週に何回も大阪～名古屋、大阪～東京などを往復しているわけです。

「無事に帰ってこいよ」と送り出す

そんなトラック運転士にとって、交通事故は最も辛く、苦しい出来事だと言えます。しかし、残念ながら、事故の起きる確率はゼロになりません。

当然、各社ともに安全のためのさまざまな取り組みを続けていますが、どうしても限界があります。**最終的にはハンドルを握っている運転士が心身ともに「ゆとり」を持ち、やさしい気持ちを持っていなければ事故はなくならないからです。**

これは物流会社を経営している以上、絶対に目を背けてはいけない問題です。

通常、運転士は出発前に点呼とアルコールチェックを受け、トラックの簡単な点検を行ってから運転席に座ります。

以前、私はこうした出発前の安全確認の際、運転士に「気をつけろ、事故を起こすなよ」と声をかけていました。

しかし、「プロローグ」で紹介した事故の後、「気をつけろ、事故を起こすなよ」という言葉が責任を回避したい自分本位の表現だと気づいたのです。

経営者、管理職、現場のリーダーの立場からすると、事故やトラブルが起きないに越したことはありません。そこで、「気をつけろ」「慎重に」「トラブルを起こすなよ」「事故を起こすなよ」といった言葉が出てきます。

一見、励ましているようにも、相手に責任感を持ってもらおうという願いを込めた声かけのようにも思えます。しかし、こうした言葉の背後には「こちらを面倒なことに巻き込まないでくれ」「現場の責任できちんとやってくれ」といった経営者、管理職、現場のリーダー側の心理がにじんでいるのではないでしょうか。

「会社」ではなく「社員」を軸に据えて考える

運転士を中心に置いて考えてみると、出発時に彼らにかけるべき言葉はまったく逆だったと気づきました。

本来、送り出す側が何よりも先に言うべきことは、「無事に帰ってこいよ」のひと言です。

運転士が事故に巻き込まれないことを願い、彼らが事故を起こさないこと、元気に仕事を終えてくれることを信じているよ、と。

そう気づいたときから、宮田運輸では運転士の点呼、運転前のアルコールチェックなど、安全を確認する方法も変えました。

「無事に帰ってこいよ」の声かけにプラスして、新たに加えた仕組みはタンブラーです。

ある日、運転士たちには内緒で家族に集まってもらいました。そして、あらかじめ買っておいた300円のタンブラーにメッセージを書いてもらったのです。

「お父さん、今日もがんばってね」

「パパ、無事に帰ってきてね」
「親父、運転気をつけて。死ぬなよ」
「お母さん、ありがとう」
「兄貴、がんばって」

どれも短いコメントですが、想いの込もった直筆で、300円のタンブラーは世界で1つのタンブラーになったのです。

最初はそれをサプライズで運転士たちに渡していきました。受け取った運転士は出勤時にタンブラーを持参でやってきます。点呼の後、そこに注ぐのは挽き立ての熱いコーヒーです。

運転士は毎日、家族の想いを握りしめて出社し、私たちが熱いコーヒーを注いで「無事に帰ってこいよ」と送り出す。

そこに込められているのは、「無事に、無事に」という想いだけです。

頭ではなく「心」が思ったことを形にする

世界で1つのタンブラーはそれを形にした一例に過ぎません。

心で思ってやったことは、必ず相手から前向きな反応が返ってきます。


たとえば、50周年のときは、社歌をつくりました。それも「こども社歌」です。運転士を含めた従業員の子どもたちに私から「お父さん、お母さんたちに応援歌をつくりたいので、協力してくれませんか？」と手紙を出しました。

日曜日にみんなが集まってくれました。いちばん年上は高校3年生の男の子です。「ようきてくれたな」と言って話を聞いたら、「僕、お父さんと2人で住んでいて、高校3年間野球をやったんですけど、毎日お父さんもしんどいのに弁当つくってくれた」と。

「ありがとうと言いたいと思っていたところに手紙が届いて、歌うのは恥ずかしいし、本当はきたくなかったけど、これでお父さんが少しでも喜んでくれるんやったら」なんて言うものだから、おっちゃんら、みんなポロポロ涙です。「ええヤツやな」と。

そんな子どもたちが合唱してくれた「こども社歌」は今、各事業所で就業の9時前に毎日流れています。それだけではなく、CDにして運転士に配り、トラックでも聞けるようにしました。

こんなちょっとしたことが、朝礼での理念の唱和みたいなやり方以上に、働いている人たちの心に「ゆとり」や「やさしい気持ち」をもたらしてくれます。

毎朝理念を唱和する。定期的に研修を行う。これだけでは、リーダーの想いは従業員に伝わりません。

逆に、何か難しいことをしなくても、経営者が、管理職が、リーダーが人を信じる気持ちを持つことで、職場の雰囲気は変わっていきます。

私は、これを「**心の経営**」と呼んでいます。

あなたも、頭で考えたことではなく、心が思ったことに目を向けてみてください。

従業員を性悪説で管理しない

運送業界ではずっと安全のために「人をどのように管理していくか」という視点での試行錯誤が続いています。

たとえば、トラックにデジタルタコグラフ（運転時の速度・走行時間・走行距離などの情報をメモリーカードなどに記録するデジタル式の運行記録計）やGPSをつけ、運行状態を管理しています。

また、多くの運送会社では運転中の映像を録画するドライブレコーダーを外向きだけでなく、内向きにも設置。内向きのドライブレコーダーは音声も拾える仕様になっていて、運転士の運転中の様子を記録するわけです。

こうした機器は安全を守るという理由から導入されるわけですが、一方で運転士を管理するための道具でもあります。寄り道をしていないか、サボっていないか、不正を働いていないか、法令に反する運転をしていないか……。要するに性悪説に立ち、従業員を疑っているわけです。

もちろん、事故を起こさないためには、ある程度の管理は必要ですが、常に疑われ、見張られている状況が運転士にとって快適なものであるわけがありません。

これは、運送業界だけでなく、どの業界の企業にも言えることだと思います。

やはり私は人を信じたい。人のやさしい心、美しい心を信じたい。後述する「こどもミュージアムプロジェクト」もそうですが、運転士が気持ちよく仕事ができる環境をつくっていくことが、結果的に安全運転にもつながっていくのです。

そして、これは運転士だけでなく、ほかの従業員、お客様にも通じます。立場を超えて、人として誠心誠意接していく。心でやると心が返ってくるのは間違いのないことです。そういう確信があるので、運転士を監視するような内向きのドライブレコーダーもつけません。

結局、経営にとっていちばん大事なのは、経営者が予断なく、分け隔てなく、自分

の信じること、心で感じることを素直にやっていくことだと思います。

ほかの会社から見れば、「宮田運輸さん、大丈夫ですか？」と言われるようなことがあっても、全然気にならない。「管理や」「安全や」と理由をつけて、心で思っていることと違うことをするのはやめました。

私は社長になったことで、経営の常識や過去の業界の習慣に囚われていました。今は「常識、習慣？　どうでもええ」という気持ちでいます。

頭で考えていることと、心が感じていることがずれていてバラバラになっているなら、心に思ったことをやることです。

それこそ、経営者、管理職、現場のリーダーが大切にすべき選択です。

所長から出た「生きていてくれて、ありがとう」の言葉

「従業員をとことん信じる」という考え方が会社に浸透してきたと感じたのは、中国地方で事故を起こした運転士にヒアリングをしたときのことです。

彼の所属している事務所の所長が事故現場に駆けつけたとき、最初に言ったのが「生きていてくれて、ありがとう」という感謝の言葉だったというのです。

運転士の彼は事故を起こしてしまった責任を感じ、落ち込んでいました。また、どんなふうに叱責されるのか……と不安でもあったそうです。

そんな心境でいるときに「生きていてくれて、ありがとう」と声をかけられ、「所長がいちばんに飛んできてくれたこともうれしかったですし、『ありがとう』と言われたことが忘れられません」と話してくれました。

私としては、所長がこういう行動を起こしてくれたこと。自然と「ありがとう」という言葉を発してくれたことに、うれしさを感じました。

また、所長の対応を意気に感じた運転士は、今後ますます事故を起こさない運転を心がけるようになるはずです。

もし、所長が運転士を気遣うことなく、上に報告するために事故原因を調べることを最優先していたとしたら、まったく異なる展開になっていたと思います。

もちろん、再発防止策を考えるにあたり、原因を調べ、責任の所在を明確にすることと、事故に関する情報を共有することは大切です。

それでも現場にきた人の第一声が「どうして事故になった？」なのと「生きていてくれて、ありがとう」では、大きく違います。

初動の動機と瞬間のかかわりの差が、相手の心をとらえるかどうかを左右し、それが最終的には最高の再発防止策になるのです。

リーダー自らが従業員を信じる姿勢を見せる

「人を信じる」と言うなら、何よりもまず経営者自身が従業員にその姿を見せること。これに尽きると思っています。

なんと言っていいのか。そして、経営者がこんなふうに書いてもいいのかわかりませんが、**頭で考えて、理屈を積み重ねたマネジメントをするよりも、自分の心に感じた通りに動くほうが、いい結果が出ます。**

多くの人が簡単な方向に流れていきがちな場面や困難な状況でこそ、先陣を切って実行すること。

自らがチャレンジしている姿勢を見せ、やればできるという先例になることでまわりのやる気にもつながります。

それが結果として、現場のリーダーにも広まっていけば、組織全体の文化にもなっていきます。**つまり、経営者は組織全体に根づかせたい理念や行動を念頭に置き、行動していくべきです。**

「やってみせ、言って聞かせて、させてみて、ほめてやらねば、人は動かじ」という山本五十六さんの言葉がありますが、それは経営についても、従業員に対するコミュニケーションについても、お客様との関係づくりについても通じます。

誠心誠意。心からこの行動を見せると、必ず相手の心が返ってきます。

なぜ、宮田運輸には人が集まるのか？

普通は会社を経営するために人を雇い、使っていくと考えます。

でも、今の私にはそういう感覚はありません。人が成長し、自信を持ち、笑顔になっていく。会社はそのためにあるという価値観です。

ですから、今ある仕事に合わせて人を育てるという発想もありません。人が育つような仕事をつくり、できない人がいたらみんなで助け合っていく。

そのほうがシンプルだし、生産性を追求して職場が汲々となるくらいなら、「できへんでもええ」としてしまったほうがいい。根底にあるのは、「会社を経営するために人を雇っているのではない」という思いです。

出会った人、縁のあった人がここで成長し、自信を持ち、笑顔になっていったらうれしい。がんばっているヤツは応援したい。あの先輩かっこええから真似したい。そんな風土ができたらいいと思いながら、経営しています。

幸い、「みらい会議」や後述する「こどもミュージアムプロジェクト」などの取り組みが一般紙やテレビなどで取り上げられたこともあり、人手不足の業界ながら求人を出すと100倍近い応募があります。

人事の担当者に言っているのは、「選ぶな」と。先着順くらいの気持ちで決めていくよう伝えています。

可能性を信じれば、どんな人でも貢献できる

たとえば、2年ほど前に入社した従業員がいます。

彼は人とのコミュニケーションがうまくとれないタイプです。宮田運輸にくるまで、たくさんの会社の面接に落ちていて、彼のお母さんは「もしこのまま就職できる先がなければ、親子漫才でもやろう」と言っていたそうです。

そんな彼を雇ってくれないか？　と知人を介して話がきました。たしかに、コミュニケーションが苦手そうです。でも、働いてもらうことにしました。

最初に伝えた目標は「とにかく毎日、会社にくること」です。

彼は生真面目に毎日、会社にやってきました。でも、出社するだけで精いっぱい。疲れ果てて帰宅し、素うどんを1杯食べて寝る。この生活を1年間繰り返したのです。

それを見て、文句を言う人は1人もいませんでした。

そのうち、彼は数字が好きで、計算が得意だということがわかりました。今は経理の仕事を担当し、ばりばり働いています。

なんとか会社にくるだけで精いっぱいだったヤツが、今では好きな仕事で会社に貢献してくれるようになったわけです。

人を雇うとき、普通に考えるなら優秀で即戦力になり、会社の業績アップに貢献してくれる人を求めます。でも、それはこちらの都合です。

1年間見守って、得意なことがわかり、「社長、この数字はなんですか？」と突っ込んでくるほど成長し、そんな姿をほかの従業員が見守っている。

これほど会社の利益になることはありません。

人を信じるから人が集まる

「会社を経営するために人を雇っているのではない」と考えるようになってから、宮田運輸には、おもしろい人がどんどん集まってくるようになりました。

前章で紹介した、埼玉深谷営業所の川和くんもその1人です。

人が集まってくると怪しい人が紛れているのではないか？　と心配してくれる仲間もいます。でも、私はくる人全員を信じることにしています。全員ウェルカム。見るからに怪しい人でも、見た目でシャットアウトすることはありません。話を聞いて、想いを確かめて、関係を築くかはそこからです。

くる人すべてを信じる

最近は、富山県から室田一成さんという熱い男がやってきました。室田さんは事前にアポをとって私に会いにきてくれたのですが、ちょうどダブルブッキングしてしまい、うまく会うことができませんでした。

私から「ごめんな。ちょっと行けへんわ」と伝えると、「せっかく富山からきましたし、それやったら明日の朝、会社の門の前で待っときます」と。そこまで言われたら、「すぐ帰るわ」と待ってもらい、その日の夜、会うことになりました。

すると、開口いちばん、「人生を賭けてきました」と切り出した室田さん。聞けば、35歳。6歳、4歳、2歳の3人の子どもの父親だと言います。仕事は富山県でトラックの二次架装の会社をやっています、と。

トラックの二次架装というのは、車体形状を変えずに幌をつけたり、荷台に特殊加工を施したり、社名を入れたり、デコレーションを施したりと、メーカーから購入したトラックの細かい部分を整え、付け加えていく仕事です。

それを家業として、おじいちゃんの代から3代続け、今もお父さん、お母さん、お姉ちゃん、室田さんでやっている、と。

全員がものづくりのプライドを持って取り組んでいるけれど、現実はトラックメーカーの完全下請けで、若い営業マンに偉そうなことを言われ、納期は急かされ、支払いは6カ月手形。この構図に耐えられないと思っていたとき、後述する「こどもミュージアムプロジェクト」の取り組みを知り、宮田運輸のホームページを見て、「ここや！」と訪ねてきたそうです。

しかも、家を出るとき、奥さんは「大阪の高槻に引っ越してもいいから」とまで言って背中を押してくれたのだ、と。まだ私と1回も話していない段階で、です。

「人生を賭けてきました」

「え？　どういうこと？」

こんなやりとりではじまった押しかけ面談の間に、私は室田さんと事業を行うことを決めました。

トラックへの愛着が、新しい事業を生んだ

私は大人になった今も、心の中にある「トラックが好き」という想いは誰にも負けないと思っています。

小学生のとき、京都の長岡京市にトラックのパーツを販売している店がありました。私が住んでいる大阪の高槻市からは25キロほど。休みの日になると、自転車を漕いでその店に行っていました。

店に着くと、ただただ店内をうろうろする至福のひと時がはじまります。映画「トラック野郎」に出てくるデコトラがつけているようなデコレーション用のアイテムを眺め、ツヤツヤ輝くホイールにワクワクしていると、あっという間に時間が過ぎていくのです。

トラックを持っているわけではありませんから、買うものはとくにありません。小学生の小遣いで買えるようなものもあまりありませんでした。

それでもそのうち見ているだけでは我慢できなくなり、お年玉を使ってデコトラ用のアイテムを買い、自転車を派手にデコレーションしたこともあります。そのデザインを考えるため、ダンプのよく通る道に出かけて、1日中カメラで写真を撮るなんてこともしていました。

また、トラックのプラモデルをつくるのに燃えていた時期もあって、私の部屋は完成したプラモデルと買い集めたデコトラのポスターに彩られたトラック部屋になっていました。


そして、年の差こそあれ、室田さんからも同じトラック好きの匂いを感じました。

そこで、宮田運輸で使っているトラックを新品同様にレストア（修復）してもらう事業を共同ではじめることにしたのです。

想いは、同じ想いの人を引き寄せる

宮田運輸では昨年、20数台の新車のトラックを購入しました。1台1500万円ほど。減価償却は大変ですが、メーカーから「10年以上使ったトラックは修理代がかさむので、乗り換えたほうがお得ですよ」と言われ、そうかな、と。二束三文の値段で下取りに出し、新車を入れたわけです。

でも、これは考えてみると供給側の主張を鵜呑みにさせる刷り込みではないか？
実際、しっかり整備していれば11年、12年と使い続けているトラックもトラブルなく走ってくれます。
ただ、運転士としては新車のほうが気持ちいいでしょう。そこで、10年以上使っているトラックを室田さんのところで新品同様に二次架装してもらおう、と。消耗する部品、パーツ類はもちろん、内装、外装も新調、それも運転士の好みに合わせて張り替え、塗り替えるようにしたのです。

かかる費用は1台300万円。これをレストアしてから10年使っていく。古い車を我慢して乗ってもらうのではなく、自分好みに仕上げてもらい、楽しく運転してもらう。新車も同じように使っていけば、20年で1500万円＋300万円。もちろんほかの諸経費はかかりますが、それでもコストパフォーマンス抜群なうえ、物を大切にする文化も根づかせてくれるはずです。

現在、大阪に架装と塗装のできる修理工場を整備しようとしています。

先日のミーティングには室田さんのお父さんもきてくれて、「私はこの息子に教えられました。息子がしようと思うことを全面的に応援したいと思っている」と言い、大阪に出る決意を語ってくれました。

宮田運輸でうまくいけば、同じ仕組みをほかの運送会社でも試みてもらい、古いトラックを活用する輪を広げていきたい。そんな事業計画を立てています。

室田さんが私のところを訪ねてきてくれたのは、やはりトラックへの愛情が伝わったからだと思っています。

多くの運送会社にとってトラックは荷物を運ぶための道具であり、稼ぐための道具です。経営者が考えるのは、どれだけコストをかけずに安くトラックを仕入れるか。

室田さんたちは富山で、そんな運送会社と自動車メーカー、ディーラーの間に挟まれ、ものづくりへのこだわり、トラックへの愛情を発揮できずにいたわけです。

そんななかで「こどもミュージアムプロジェクト」を知り、トラックへの愛着を隠さないヘンな社長の存在を知り、あそこなら自分たちの想い、技術を生かせるんじゃないかと期待してくれたのでしょう。

あそこだったらトラックを生かすことを考えている人がいるんじゃないか、と。

想いが事業を生んでいく。もっともっと、そんな形があっていいと考えています。自分たちの今の事業を継続的に盛り上げていくことはもちろん、集まってきてくれた人を生かすことが結果的に新たな事業を生みだす。

ある事業を立ち上げようと戦略的に考え、儲かる見込みがあるから人を雇うのではなく、何かをやりたいという仲間を中心に組み立てていく。そう考えるようになったら、人の可能性も、会社の可能性も無限だなと感じるようになりました。

私のところへ押しかけてきてくれるおもしろい人材も、自分たちの今の仕事に照らし合わせて可否を判断すると、「あかんわ、あいつ」と門戸を閉じることになります。でも、会ってみて、話してみて、彼らに光輝く何かがあると感じたら、仲間になってもらいたい。そのうえで、事業化できる何かがあるのではないかと探っていく。

年々、そういう想いが強くなっていいます。

想いがある人は働き方が違う

今、「こどもミュージアムプロジェクト」の営業を担当してくれている40代半ばの谷知雅文くんという社員がいます。

3人の子どものお父さんでもある彼は、大手飲料メーカーで「こどもミュージアムプロジェクト」とのコラボレーション企画を担当してくれていました。

ところが、ある日、会議に顔を見せると、「早期退職制度を利用して辞めました」と笑顔で報告。「辞めてどないすんの?」と聞いたら、「いや、こどもミュージアムプロジェクトの営業をしたいんですけど」と。

雇うと約束していないのに、安定した大企業を辞めてきてしまったのです。

「もし、こどもミュージアムプロジェクトで雇ってもらえへんかったら、宮田運輸でトラックに乗るという覚悟で、大型トラックの免許を合宿で取ってきました」とも。

谷知くんも、埼玉事業所の川和くんも、架装事業をはじめる室田さんもそうですが、勝手に決めて集まってきた人たちは強い。**言わば、おしかけ社員である彼らのなかに**

は「ほんまに一生かけてやりたい」という想いがあるからです。

やる気があるから働き方が違います。

今、業界を問わず採用の現場では、「人手不足」「いい人がいない」と言われています。**しかし、採用する側の志が低ければ、世の中に何人の人がいても、人材は集まらないと思います。**

私は専務の福田とともにマイクロバスで福島の被災地に行く活動を続けています。大阪、京都でボランティアをしたいという学生たちを募り、夜の22時に集合し、福島へ。夜通し運転を交代しながら走って、朝、福島に着いたら活動を開始します。そのまま1泊し、翌日の夜また運転を交代しながら大阪に帰ってきます。

社長と専務が1泊2日会社を空け、しかも、自分たちでマイクロバスを運転して、学生たちを乗せていく。

経営的なリスクを考えたら、危険すぎると言われます。コンプライアンス、コンプライアンスと言われる時代に逆行しているようにも見えるでしょう。

しかし、学生たちの話を聞くと、志が高い。社会に貢献したいという意欲を強く持っています。彼らは自分が利益を得る以上の喜びを、ボランティア活動から得ているわけです。

そういう若者たちが会社に入るとき、何を求めるでしょうか。

自社の利益を追求するばかりの経営者の下で働きたいとは思わないでしょうし、そんな社風の会社でモチベーションを維持できるとも思えません。

私たちは彼らのような若者たちとどれだけ一緒になって考え、答えを出していくか。リーダーが何を思って行動しているかによって、その会社の価値は変わり、社会からの評価も変わり、働いている従業員が感じる幸せも変わっていきます。

また、このような姿勢で経営を続けていると、「あそこは人を大切にしている会社だ」と思ってもらえるようになり、人材が集まるのです。

創業者の宮田官太郎は「儲けたものは、みんなで分けろ」「人を大切にする」という言葉を残していますが、今になってようやくその意味を理解できるようになりました。

少なくとも私は経営に対する考え方を変えたことで、多くの恩恵を受けているのです。

リーダーにも学ぶ場が必要。盛和塾で変わったこと

2007年、専務となったころ、お客様の紹介で私は「盛和塾」に通うようになりました。

盛和塾は「京セラを創業した稲盛和夫氏の経営哲学を学びたい」という、京都の若手経営者の要望のもと、1983年にできた自主的な勉強会「盛友塾」に端を発する経営者のための塾です。

1989年に「盛和塾」に名称を変更して全国各地で活動が広がり、日本に56、海外44の塾があり、塾生は1万4000人を超えています。

京セラの経営哲学の中核を担う、小集団で部門別採算管理を徹底する「アメーバ経営」や、稲盛塾長の実体験や経験則に基づく人間性や社会貢献などを追求する「フィ

ロソフィ」と呼ばれる独自の考え方を学ぶ場です。

おもに関西と関東で年5回ほど例会があり、勉強会では塾生の経営体験発表や塾長講話、経営問答、懇親会などが実施されます。

また年1回、全国から塾生が集う世界大会も行われてきました。


ところが私はと言うと、当初「お客様の誘いを無下にはできないから……」というのが本音で、稲盛塾長のことも京セラをつくった立派な経営者という程度の知識で参加していました。

大阪塾には約1000人の塾生がいます。「経営委員会」という小集団の勉強会は、18時から23時まで。参加してみるものの、内容がよくわからない。意見を求められても答えられないので、なるべく当てられないように下を向いている。3回に1回、申し訳程度で顔を出すという塾生でした。

ある日、「盛和塾に入ってよかったことは？」と聞かれ、「電子辞書を買ったことです」と答えて笑われてしまったのを覚えています。

トラックが大好きで現場に立ち、営業部長になり、専務になったけれど、「経営＝売上を上げる」という感覚でした。ですから、盛和塾で塾長講話として語られる、「会社の目的は何か」「経営者はどのような考え方を持つべきか」といった経営哲学も最初はピンときませんでした。

そんな状態で半年ほど通ったころ、40数名の塾生の前で経営体験を発表することになりました。

前夜は緊張で眠れないほどでしたが、自分の経験を包み隠さず話すしかないと腹をくくり、なんとか無事に終えることができました。

そこから知り合いも増え、盛和塾に行くことが重荷ではなくなっていったのです。きちんと参加し、先輩塾生である経営者の方々と交流を重ねていくうち、「経営者が学び、成長することが従業員の幸せにつながるのだ」と納得できるようになりました。

たとえば、稲盛塾長は「**経営者は、全従業員の物心両面の幸福を追求する**」という話をされています。

本来、会社というものは家族とはまったく違うものです。経営者の場合、会社に対する責任は有限であって無限ではありません。ところが、家族に対する責任というものは無限に近いものです。

しかし、京セラは、「大家族主義で経営する」として、苦楽を共にできる家族のような信頼関係を大切にしました。そして、けっして大家族による甘えの構造に堕してしまわないように実力主義を掲げています。

社長が組織を運営していくうえで最も重要なことは、それぞれの組織の長に本当に力のある人がついているかどうかです。

こうした人が組織の長としての場や機会を与えられ、その力を十分に発揮できるような組織風土でなければなりません。

こうした実力主義によって組織の運営が行われれば、その組織は強化され、ひいてはみんなのためになっていきます。すなわち、「全従業員の物心両面の幸福を追求する」ということになるのです。

もちろん、京セラと宮田運輸を比較することはできません。しかし、「大家族主義」というキーワードには共通点を感じました。そして、「家族のような信頼関係は大切だが、そこに甘えがあってはいけない」という指摘は、そのものズバリで当時の宮田運輸の悩みの本質を突いていました。

経営者がこうした視点を持つことの重要性に気づいたものの、当時の私は「心」に向かわず、仕組みを変えていくことに目を向けました。

より効率的な経営を行うことで、家族主義による甘えをなくしていけば、より業績はよくなっていくはず、と。

その考えは専務時代、そして社長になった後も、あの事故が起きるまで持ち続けていました。

しかし、トラックが深い悲しみを招いた事故後の苦悩のなかで湧き上がってきたのは、**「人の心、従業員の心を信じたい」「心をベースにした経営をしていきたい」**という想いでした。

こう思えるようになったことの1つに、盛和塾との出合いがあることは間違いありません。

社長が学びを深めるのは、従業員の幸せのため

なぜ、社長が率先して何かを学び、自分を高めなければいけないのか？

それは、従業員の幸せのためです。

トップの心が変われば、働き方も変わり、会社の雰囲気も変わり、従業員の幸せにつながっていきます。もし、盛和塾に通うこともなく、ただ漫然と4代目を引き継ぎ、管理と効率を追い求める経営をしていたら、業績が上向くとともに高級車を乗り回し、毎晩飲み歩くような社長になっていたかもしれません。

そうなっていた可能性を想像すると、今の宮田運輸があるかどうか。まったく違う会社になっていたはずで、ぞっとします。

目の前の1つひとつの仕事をやり遂げることにはこだわるものの、まず間違いなく「こどもミュージアムプロジェクト」のような発想は生まれず、社会に貢献したいという視野の広がりもなかったはずです。

今は、祖父の口癖だった「儲けたものは、みんなで分けろ」「人を大切にする」と

いう言葉がより深く理解できるようになりました。

宮田運輸の原点である家族主義のいいところを見つめ直すことで、従業員の幸せを考え、社会を意識するようになったのです。


人の役に立てているかどうか、それを実感できているかどうか。

長く会社を続けていきたい。そのためには、続くような社会を考えなくてはいけない。「心」をベースにした経営とは、そういうことです。


稲盛塾長の「全従業員の物心両面の幸福を追求する」という言葉が胸に刺さり、同時に心がラクにもなっていきました。

従業員に自分の想いを伝える努力をし続けていきますし、社会に想いを広げていくための発信もし続けていきます。

指名されるのが怖くてうつむきながら塾に出ていた私が、稲盛塾長の前で経営体験を語る機会もいただきました。

「心の経営」はグローバルスタンダードに

2018年、私は中国・北京主催の盛和塾全国会で、3200人の経営者の前で宮田運輸の取り組み「こどもミュージアムプロジェクト」や「心の経営」について発表させていただき、大きな反響を得ることもできました。

中国では、これまで多くの経営者が「極限まで生産性や効率を上げ、コストを削り、いかにしてお金を儲けるか」という視点でビジネスをしてきました。それが中国の経済発展の原動力になったことは、みなさんご存じの通りです。そういった意味では、生産性向上を掲げる今の日本も同じなのかもしれません。

しかし、中国でたくさんの経営者の前で話をし、その考え方が大きく変わっていることに気づきました。

私の話に、非常に多くの共感が集まったからです。

中国には若い経営者がとても多いのですが、多くの人が、効率やコスト重視の経営

に限界を感じているとのことでした。

ビジネスを行うのはあくまで「人」です。

ＡＩやロボットが台頭していますが、仕事の本当に大切な部分は「人」でなければ行えません。

極限まで効率を求める生産性至上主義の経営は、従業員を「コスト」と考え、疑う経営だと言い換えることができます。

放っておくと怠けるのではないか。余計なトラブルを起こすのではないか。だから徹底的に管理することでその問題の芽を摘んでしまおう。１人でも少ない人員で売上を上げよう。

これでは、従業員はロボットと同じように、ただ言われたことを効率よくこなすだけの存在になってしまいます。おたがいに助け合うことも、人の役に立とうとすることもなくなります。

そう考えると、人を中心に物事を考える経営は、ある意味当たり前のことではないでしょうか。そして、人を中心に物事を考えるためには、相手を信じ切ることが不可欠です。

私は今、年に何度か中国を訪れ、ともに「心の経営」について学び合っています。

また、中国からも多くの経営者が宮田運輸を視察に訪れます。

先日も、中国全土に３００以上の店を抱えるアパレル企業を訪れ、「心の経営」について深く議論してきました。

その最後の日、私はその会社の経営者と従業員とが抱き合い、涙を流している光景を目の当たりにしました。


企業にとって、生産性の向上はもちろん大切なことです。しかし、従業員をコストと考え、性悪説で管理することで数字を上げようとしても、けっしてうまくいくことはありません。

企業が成長するためには、従業員の「主体性」が何よりも大事だからです。

その主体性を生みだすためには、リーダーが従業員を心の底から信じること。ただそれだけです。

人を、従業員を、お客様をとことん信じる「心の経営」は、いまや世界中のリーダーに求められる考え方になったのかもしれません。

第4章

目先の数字は絶対に追わない

目の前の困っている人を
助け続ければ、
会社と従業員は成長する

父からの教えの裏にある「困った人がいたら助ける」の精神

おかげさまで宮田運輸は、順調に成長を続けています。

この厳しい時代に、成長することができるのは、日々、助け合いながら成長を続ける従業員、そして私たちを信じてくれているお客様のおかげです。

顧客からの信用を獲得する。これは、どの企業にも、そして働くすべての人にとって必要なことです。

じつは、中堅の物流企業である私たちが、お客様からの信用を獲得できたのにも「助け合い」の精神が大きく寄与しています。

入社直後の経営危機

私が入社した当時の宮田運輸は、ガラス瓶メーカーの物流を担う業務が9割以上で、おもな輸送先は酒造メーカーでした。

北陸の酒どころへ納品に行くと、「若いのにようきたな」と可愛がってもらい、納品先の酒蔵で「朝ごはんを食べていくか？」とごちそうになることも。

私は、待っていてくれる人のところに、安全・確実に物を届け、感謝してもらえる運転士の仕事に大きなやりがいを感じていました。

ところが、入社後しばらくして宮田運輸に危機が迫ります。

売上の9割を占めていたガラス瓶メーカーが経営不振に陥り、別の大手メーカーに吸収合併されることとなったのです。

合併先の大手メーカーには物流を担う子会社があり、宮田運輸は請け負っていた仕事のほぼすべてがなくなるという窮地に陥ってしまいました。

大口の取引先1社への売上依存が大きすぎたことに経営的な問題がありましたが、時すでに遅し。大きな柱を失い、会社は存亡の危機に陥ったのです。

年の暮れも近づくころで、社内は「正月は迎えられるのか」というしんみりとしたムードになっていました。

しかし、世の中は不思議なもので、ちょうど入れ替わるように大手食品メーカーから「トラックを1台応援に出してくれへんか」という依頼が舞い込みました。

鍋シーズンでポン酢の輸送の繁忙期。宮田運輸は以前からポン酢用の瓶を納品していた関係で、繁忙期の助っ人として声がかかったのです。

当時社長だった叔父は、藁をもつかむ思いで「このチャンスを逃すまい」と即座に受注。食品メーカーの物流センターへの応援要員として、入社1年目の私が送り込まれることになったのです。

きつい仕事の先にあったチャンス

正直、「経験もいちばん浅い、免許も取り立ての私がなんで社運を賭けた大事な仕事に?」と思いました。そして、現場に出てみると仕事内容は非常にハードなものでした。

後々聞いてみると、ベテランの運転士たちは社名を聞いて何を運ぶのかの想像がつき、「自分は勘弁」と敬遠したのです。それでいちばん若く、馬力がありそうな私のところに担当が回ってきたわけです。

これまでやっていたガラス瓶の酒造メーカーへの配送は、空き瓶を運ぶため、積み降ろしの大部分がフォークリフトとパレットで機械化されていました。

しかし、ポン酢は違います。中身が入った状態で問屋に卸すため、小口での納品も多く、手積み手降ろしが基本。そしてこれがとにかく重い。8本の瓶が詰まった木箱を手作業で、300から400個トラックの荷台へ積み降ろしします。

出し入れすると、木箱のささくれが刺さって手のひらや腕は傷だらけになります。しかも、配送先がバラけているため、時間もかかります。そのため勤務時間も長く、肉体的に相当きつい毎日でした。

さらに、そこで働いている人たちも、雪駄履きにねじり鉢巻、作業服も着ずにジーパンとランニング。事務所の一角では「こんなもんいけるか！」と運転士が配車担当に詰め寄って、伝票を放り投げ出ていってしまうという殺伐とした雰囲気です。

同じ配送の仕事でもガラス瓶メーカーとはずいぶん違うなと思う一方で、「これはチャンスやな」とも思いました。

というのも、ガラス瓶メーカーの基準は厳しく運転士は物流センターに入るとき、作業服を着用し、黒い安全靴を履き、ヘルメットをかぶって作業していました。私はほかの現場を知らなかったので、そのスタイルが当たり前だと思い、食品メーカーの物流センターでも同じ格好で仕事をしていたのです。

これがいい意味で目立ったようで、宮田運輸はちゃんとしているという第一印象を残すことになりました。

そのとき、仕事への心構えとして父親が教えてくれたことがあります。たったひと言でしたが、今もずっと心に残っています。

「仕事は二度、断ったらあかん」と。「二度断ったら、二度と言ってもらえなくなるから、それだけは覚えておけ」と教えてくれました。

他社が断った仕事も受注

そんな事情があり、私は物流センターに出入りするほかの物流会社の運転士が断った仕事を積極的に引き受けました。それこそ放り捨てられた伝票を拾って、食品メーカーの配車担当者に「私が行ってきましょうか」と声をかけたこともあります。

するとと、任せてもらえる仕事が徐々に増えていきました。

当初、宮田運輸から出していたトラックは1台。担当も私だけでしたが、手が足りなくなりました。しかし、ベテランたちはあいかわらず敬遠気味です。そこで、私は中学1年からの親友の福田真（現・専務）に声をかけることにしました。

福田は私と同じくトラックが好きで、高校卒業後、大手飲料メーカーの自動販売機に飲料を補充するドライバーになっていました。ただし、大手企業のため、入社半年の時点ではまだ教育期間中ということで助手扱い。毎日、先輩の運転するトラックの助手席に座り、空き缶を回収し、自動販売機への飲料を補充するのがおもな仕事だったのです。

そこで、こう言えば興味を持つだろうと思い、「うちにきたら、すぐにトラックに乗れるで」と声をかけました。

すると、福田は「ほんまか！」と二つ返事で大手を辞め、転職。食品メーカーの物流センターに入る宮田運輸の2台目のトラックの運転士となったのです。

私と福田のコンビで仕事を進めるうち、宮田運輸から食品メーカーの物流センターに派遣されるトラックの数は増えていきました。

3台目のトラックの運転士は2つ下の弟です。当時の宮田運輸は従業員20人ほどの規模でしたから、そこに若手のチームが立ち上がっていくイメージで4台目、5台目、6台目と20代前半の運転士が増えていきました。

あるのは希望だけ。雑念なく一生懸命がんばっていると、それが次の依頼につながっていく。お客様である食品メーカーの物流センターに乗り入れる宮田運輸のトラックの数が増えるたび、みんなに貢献できているという実感がありました。


基本的なスケジュールは1日2回転。早朝、配送センターを出て配送先の問屋や小売店を回り、夕方に戻ります。そこから、明日配送するぶんの荷物を積み込みます。終わるのは23時くらい。翌朝は配送先の数にもよりますが、4時、5時からスタートです。

ベテラン運転士がやりたがらない気持ちもわかります。実際、当時の毎日の睡眠時間は3、4時間でした。

それでも若さもあり、運転士になったばかりのうれしさもあり、家業である宮田運輸のピンチでもあり、気にならず、稼働していました。
よく覚えているのは、夜、翌日用の積み込みをするのに時間がかかっていると、配送センターの駐車場にやってきた屋台のラーメンです。このラーメンが妙においしく感じて、ささっとかっ込み、残りの作業に向けて気合いを入れ直す。そんな場面が記憶に残っています。

そんなことを続けていると、しだいに担当者から指名を受けることも増え、単発での助っ人のはずが定期契約の打診がありました。
そして、定期契約となってしばらくすると、今度は「もう1台、トラックを入れてくれないか」と。私は同級生の福田を誘い……という展開は、すでに紹介した通りです。

若いころのがんばりは、その後の仕事人生を支えていく大切な信用を築くことになるのです。私の場合、食品メーカーでの1年間の奮闘が、その後30年続く取引先を築く土台となりました。

仕事を断らないことも大事。継続できる仕事にすることも大事

この食品メーカーでの仕事では本当にたくさんのことを学びました。

なかでも印象に残っているのは、会社が成長していくためには、継続できる仕事がなければいけないということです。

これを教えてくれたのは、私が物流センターの所長を務めた大手食品メーカーのセンター長の吉村さんでした。

前述の通り、前任者の急な退職で、私が物流センター内にある幹事会社（物流センターに出入りしている7社の輸送会社をまとめる役割を担う）の所長に就任したとき、父が私を所長に任命するにあたって「俺が教育してやるから、あいつにやらせえ」と背中を押してくれたのが、吉村さんでした。

私たちからすればお客様です。ところが、そのお客様が若い所長を現場でＯＪＴをするように、厳しく育ててくれました。

まさに「お金をいただきながら、教育もしてもらった」という感覚です。

たとえば、物流センターに入れる宮田運輸のトラックの数を増やすとき、「安すぎる」と見積もりを突き返されたことがあります。

私としてはコストを下げて、トラックの数を増やし、自分の仲間が活躍できる場を広げたい。物流センターにおける宮田運輸の存在感を高め、父親たちに認められたい、と。そんなわかりやすい狙いがあったわけです。

ところが、吉村さんは見積もりを見て、こう言いました。

「あかん。これは仕事をとる見積もりや。仕事は継続せなあかん。これじゃ安すぎる。継続できへんぞ。こんなんじゃあ」

そして、承認のハンコを押す手前のところまで「ここはこれだけコストがかかる」「ここはこの額で」と見積もりを一緒につくってくれました。

本当にお客様と物流会社という関係性を超えた関係で、今も感謝しかありません。

信用を築くためには、とにかく運ぶこと、助けること

「仕事は二度、断ったらあかん」という父親の教えは、20代、30代の私のなかで「困った人がいたら必ず助ける」「仕事は断らない」という形で育っていきました。

この姿勢は、中堅の物流会社である宮田運輸が、お客様からの信用を得て成長するという意味では非常に役立ちました。

実際、宮田運輸は食品メーカーの物流センター以外でも、大手の物流会社が断った仕事を引き受けることで事業を大きくしてきました。

たとえば、夕方にある取引先から電話がかかってきたことがあります。

「明日の朝までになんとか東京に届けなければいけない荷物がある。宮田運輸さん、どうにかなりませんか？」と。

そこで、間髪入れず「なりますよ」とお答えするわけです。

当時、私は営業部長で各事業所の配車担当者からは、「部長は後先を考えずに引き受けすぎです」と言われていました。

それでも、うちの管理職は全員が運転士を経験しているので、最終的には自分たちがフォローすればなんとかなる、という気持ちがあります。

ですから、「今からですか……」と返事をしてしまいそうになるところをぐっとこらえて、「行けますよ」と言ってしまうわけです。

本来、聞くべき運賃の話などもせず、「困っている人がおったら助ける」「仕事は絶対に断らない」と、20代、30代はそういう姿勢でやってきました。

たとえ、最初の依頼のときに赤字だったとしても、先を考えれば引き受けて信用を積み重ねていくほうが正しい。目先に囚われずにやっていこう、と。

もちろん、ボランティア活動ではありませんから、無料では動けません。それでも困っている人がいたら助ける。仕事は断らない。私たちはこの姿勢を崩しませんでした。その結果、引き受けた当初赤字だった仕事も、徐々に黒字化していくようになりました。

お客様の足元を見る商売は絶対にしない

ここ数年、大手の物流会社が配送料を値上げするなど、人手不足もあって以前よりも運ぶ側の要望を聞いてもらえる状況になってきました。

急な依頼の電話も「本当に申し訳ないけど」という言葉にプラスして、追加料金を提示されることも増えています。

ただ、私たちは「お客様の足元を見るような商売はやったらあかん」と心に決めています。

人手不足、車両不足だからと、不当に料金を引き上げて目先の売上をとろうとするのではなく、お客様は困って電話をしてきているのだから、なんとかしましょう、と。

信用を築くためには、目先の数字を追い求めることはせず、とにかく動くこと、運ぶことです。

そうやって築いた信用が、次の仕事を連れてきてくれます。

「**困っている人がおったら助ける**」が商いの基本という想いは変わりません。

喜んでくれる人を増やせば、利益は出るようになる

「困っている人がおったら助けるのが商いの基本」これを貫いた結果、大きな商いに発展したケースがあります。枚方の米共配事業所が行っているお米の共同配送サービスです。

はじめた当初はほとんど儲けの出ない事業でした。ずっと赤字分を社内で吸収しながら続けていたわけですが、今では毎月1000万円の利益を上げる当社の基幹事業の1つになっています。

その年の12月、20社ほどのお米の問屋さんが共同で運用している共同配送センターから相談を受けました。聞くと、配送を担当している運送会社が撤退するということで、引き継いでもらえないかという内容でした。

「年明けの初春からであればお引き受け可能です」と返したのですが、途中で状況が変わり、困りきった様子で「年末からお願いできないか」と言われ、引き受けることになりました。

こうして暮れも押し迫った12月25日から急遽、お米の共同配送センターを引き継ぐことになったのです。結果は、予想を上回る大混乱でした。

年末のスーパー、弁当屋さん、カレー屋さん、ラーメン屋さんといった飲食店に商いの生命線である、お米が届かない。そんなトラブルが大阪・京都を含めた2府4県に渡って発生してしまったのです。

真夜中の共同配送センターは修羅場でした。お米が届かない小売店の担当者が「死に物狂いでやれ！」と怒鳴り込み、「いい大人になってから、こんなに人から怒られることがあるんやな……」という状況に。

そこから「昼も夜も大晦日もわからへん」という状態になりながら、従業員総出で配達しましたが、結局、混乱は収拾せず……、従業員総出で3日間徹夜に近い状況で対応しても、完全に収拾するには1カ月かかりました。このトラブルは、社内で「米騒動」と呼ばれ、語り継がれています。

しかし、宮田運輸に配送業務を依頼した卸業者の専務は終始、私たちの味方でした。

「こんなことで宮田運輸は切られへん」

「あなたがたが引き受けてくれなければ、もっとひどいことになっていた」

「だから、がんばってくれ」

こう言って、詰め寄る小売店の方々との間に入ってくれたのです。

「米騒動」から学んだこと

「米騒動」は、結果的にはプラスに働きました。被害額も大きく、二度と経験したくない出来事でしたが、学びもありました。二度と同じトラブルが起きないよう共同配送センターの仕組みそのものを見直し、より安定した運営ができるようになりました。

また、ひどい混乱を経験したことで現場は1つになり、年明け以降は安定した状況に。そして、私たちが必死で問題解決にあたる姿を目の当たりにしたお客様とは、太い信頼で結ばれることになりました。

とはいえ、近年の巨大台風や記録的な豪雨など、その後も予想外のトラブルが続きました。それでも物流は動き続けます。

現場では道路の通行止めなどもあり、採算の合わない場面が増えていきます。それでも、困っているお客様のところに米を届けていく。尽くしていく。その姿勢を貫いてきたことが、お客様に認めていただけて、ただただ安心安全、安定供給をするということだけではない価値を評価していただけるようになっていったのです。

この事業が黒字化した分岐点は、お客様が増え、値上げを認めていただいたことです。

ただし、そこに至るまで3年かかっています。その間、現場が踏ん張り、お客様から「宮田運輸にしかできへん」と評価していただけるサービスを築いていったことが現在の結果につながっているのだと思います。

じつは、お米しか運ばない「米に特化した共同配送サービス」は、全国でも宮田運輸しかやっていません。それは運送業界的に、しんどく、手間がかかり、儲からないと思われている仕事だからです。

お米を販売しているのは問屋、卸さんです。私たちは近畿の22社のお米の卸さんと契約させてもらっています。

各社さんが物流倉庫、お米の配送センターを持っていますから、宮田運輸の運転士がA社、B社、C社、D社を回り、明日の配達分のお米を集めてくるわけです。

そして、私たちの倉庫で卸先のスーパーE店は○袋、F店は×袋と、ピッキングし、配達。この仕組みができる以前は、各問屋、卸さんが自社や契約している配送会社のトラックで各店に届けていたわけです。

それを私たちが請け負い、一本化。お米という商品は競合していますが、「物流は共同で」という合言葉で、各問屋、卸さんの無駄と手間を省ける仕組みをつくっていったのです。

配送先はスーパーなどの小売店だけではなく、回転寿司チェーンなどの飲食店やレストランなど、お米を取り扱う場所全般です。しかも、スーパーや量販店の場合、私たちの運転士が売り場の陳列棚までお米を運び、並べるところまで行います。

小口での各店舗配送で、陳列までやる物流会社はなく、また届け先は1日百数十カ所となるので手間がかかります。同業他社さんが米に特化した共同配送事業に手を出さないのは、ここに理由があります。

続けたからこそ、事業所の柱に成長

そんななか、私たちは米に特化した共同配送サービスを3年続けてきたことで、運輸量にボリュームが出てきました。

その結果、たとえばあるスーパーが「通常、米の仕入れはA社、B社、C社からだけれど、今月はC社を取りやめ、値引きしてくれるD社を試してみる」とリクエストしてきても、柔軟に対応できます。

というのも、A社、B社、C社、D社のいずれも私たちの取引先なので、運ぶお米の量自体は変わらないからです。より細かい要望に対応しつつ、物流は安定する。私たちも最初からこうなるとわかって耐えていたわけではありませんが、結果的に圧倒的な質と量を担保できるようになったことで、交渉力も高くなりました。

たとえば、運送価格の値づけについてもA社だけが取引相手だった場合、「原油価格も上昇していますし、なんとかちょっと上げられませんか？」という個別交渉になります。しかし、取引先が増えたことで、「キロ10円から12円に改定します。各社そうしてもらっていますので」と言えるのです。

運賃を荷主さんではなく、物流会社である私たちが決められるようになったことで利益が大きく伸びました。


もちろん、それはしんどいなか現場が耐えて、お客様との信頼関係を築いてくれたからです。

米の共同配送サービスを取り仕切っているのは女性の事業所長ですが、彼女は何度となく「成果も出えへんし、お客さんから怒られるし、現場は疲弊しているし。もう辞めたい」と泣いていました。

そこで、私が伝えていたのは「**僕らがやることで、喜んでくれる人がいる**」「**続けていくことで、喜んでくれる人の輪が広がる**」「**輪が広がれば、利益も出る**」ということでした。

「やり続けて、値決めができるくらいまでやるべきや」と。

リーダーが見通しを語ることで、彼女も先行きを信じられるようになり、現場ももう少しでよくなると力を発揮してくれるようになったのです。

最近では、1品に特化し、きめ細かなサービスを行う小口配送の仕組みを学ぼうと、中国などから経営者や現場のリーダーが米共同配送センターの見学にやってきます。迎える所長と従業員の笑顔を見ていると、結果を出したという自信が与える影響の大きさを実感します。

現在、宮田運輸にとって米の共同配送事業は大きな柱の1つになっています。


トラブルが発生したとき、どう対応していくのかをお客様は見ています。

私たちは大手ではありません。だからこそ、常に「困っている人を助けたい」という姿勢を崩さず、理屈抜きでフラフラになりながらも全社一体となって立ち向かっていきます。

その姿勢を見せ、しっかりとトラブルに対処することでお客様の心が動き、危機が信頼を深めるチャンスに変わっていくのです。

第
5
章

人は「管理」ではなく「幸せ」になってこそ成長する

従業員と社会を幸せにするプロジェクト

「こどもミュージアムプロジェクト」のはじまり

ここまで何度か紹介してきた、「こどもミュージアムプロジェクト」のはじまりにも、あの事故の経験が大きく関係しています。

2013年8月30日、宮田運輸の運転士が運転するトラックがスクーターと接触。スクーターに乗っていた男性が緊急搬送されました。

そして、病院に駆けつけた私が案内されたのは、病室ではなく、霊安室でした。そこで亡くなった男性のお父様から、こう言われたのです。

「どっちがいいとか悪いとかはわからないけれども、たった今、自分の息子は命を落とした。この息子には小学校4年生の女の子がいる。そのことだけはわかっておいてくれよな」

怒鳴りつけられてもおかしくない状況でしたが、とてもやさしい口調でした。私にできたのは小さな声で「わかりました。誠心誠意尽くさせていただきます」と申し上げ、その場を後にすることだけでした。

他界した男性は43歳。偶然ですが、事故を起こした当社の従業員も同い年でした。運転士から配車係に異動し、トラックの運行を調整する管理職だった彼は、たまたま人手が少ないときに舞い込んだ運送の依頼を果たすため、ハンドルを握っていたのです。現場に出た背景には、お客様のためという気持ちとともに、業績を伸ばすため、数値目標をクリアするように迫っていた私からのプレッシャーがあったと思います。

そんな彼は警察から事情聴取を受けるため、48時間署内に拘束されていました。家では、男手ひとつで育てている2人の小学生の娘さんが待っているはずです。娘さんたちはお父さんの帰りが遅くて心配しているのではないだろうか。病院から出たとき、そう考えた私は福田らとそのまま車で彼の家に向かいました。彼の家では、彼のお母さんとお姉さん、2人の娘さんが帰りを待っていました。まず安心させなければ……と思った私は、「まったく心配いりません。事故の責任はすべて私と会社にあります。きちんと対応し、息子さんが戻ってきたら、今まで通り働いてもらいます」と伝えました。

今も脳裏に焼きついているのは、彼の家から帰るときの光景です。お母さんとお姉さんが、私たちの車が見えなくなるまで、深々と頭を下げていたのです。その姿を見たとき、遺族の方々にしっかりと向き合うと同時に、事故を起こしてしまった従業員と家族を孤立させてはならないと強く思いました。

トラックを使って人の命を生かす

事故が起きてから、私は来る日も来る日も悩みました。

大好きなトラックが人命を奪う凶器に変わり、周囲に悲しみを与えてしまうこと。日頃から「人のために尽くす仕事をしよう」と従業員に話しておきながら、人の命を守ることができなかったこと。

社長となってから父親の代よりも業績は伸び、順調にいっていると思っていたが、なんのために会社を経営するのかをまったくわかっていなかったこと。

本当は苦しいはずなのに、遺族の方々は一度も激しい口調で、私を責めませんでした。考えられないくらいやさしい人たちに対して、これから私たちは何をお返ししていけばいいのだろう……。できることはあるのだろうか……。

仕事中もこうした思いが浮かんでは消え、意気消沈しながら自問自答を繰り返していました。

1年ほどたったころ、心に芽生えたのは2つの思いでした。

「亡くなった尊い命は、取り戻すことができない。それなら、今個々に生かされている自分や従業員、周囲の人たちの命を生かしあうこと。つまり、1人ひとりの命を輝かせることが、経営者としての自分にできるせめてものことではないか」

「本当にトラックが好きなら、そのトラックを使って人の命を生かすべきなんじゃないか。それが亡くなった男性と遺族の方々に対して自分ができることなのではないか」

物流会社の経営者として、従業員やお客様、社会のために何をすべきか。そのイメージがおぼろげながら見えてきたのです。

具体的にどんなことをしていこうか……と考えていたとき、2つの出来事がヒントになって、トラックのうしろに運転士のお子さんが描いた絵をラッピングする「こどもミュージアムプロジェクト」がはじまりました。

1つ目のヒントは、ある知人とのこんな会話からもたらされました。

「宮田さん、大阪の豫《よ》洲《しゅう》短板《たんぱん》産業《さんぎょう》さんの工場の構内に安全標語があるんだ」

「工場なんだから、安全標語はあるやろね」

「それがちゃうねん。工場に勤めている従業員の子どもさんたちが書いた手書きの『ヘルメットをかぶりましょう』『一旦停止しましょう』という標語が貼ってあんねん。これを貼り出したら事故が減ったんやって」

同じ言葉であっても子どもたちが書くことで、働く人の心に届くんやな、と。

もう1つのヒントは、うちの運転士がトラックのダッシュボードに飾っている娘さんが描いた絵を見せてくれたことです。そこにはトラックの絵と、こんなメッセージが書かれていました。

「お父さん、ありがとう」

「あんぜんうんてんでがんばってね」

聞くと、運転士は「疲れていても、急いでいても、この絵を見ると気持ちが和んで、安全運転でいこうと思えるんですよ」と笑っていました。

トラックに子どもたちの絵をラッピングする

私はその絵と工場の安全標語の話が重なり、「これだ！」と直感しました。

思い返してみると、私自身も18歳からトラックに乗ってきて、仲間の運転士が家族や恋人の写真を運転席に飾り、子どもからのメッセージをダッシュボードに貼っているのを目にしていました。

そこで、最初は娘さんの描いた絵を見せてくれた運転士に頼み、その絵をポスターにして社内に掲示しようと考えました。**しかし、交通事故は自社の環境だけがよくな**

っても食い止められません。社会全体に影響を与える必要があります。

それなら、「子どもたちの絵でトラックをラッピングして、社会全体を笑顔にしよう」と。こうやってはじまったのが、「こどもミュージアムプロジェクト」です。「トラックはこわい」という印象から、「トラックは社会に笑顔をもたらす」へ。

日本では今、約150万台のトラックが走っています。そのすべてがこどもミュージアムトラックになれば、社会全体にゆとりが生まれ、交通事故はもちろん争いまでもなくせるのではないか。

最近、いわゆる「あおり運転」が問題になっていますが、この取り組みが広がれば、きっとそういったトラブルもなくすことができると信じています。

私は本気で、そう考えてプロジェクトを進めています。

NT
My City Miyoshi
こども ミュージアム プロジェクト
みんなでみらいを
こどもミュージアム
フェスタ 2018
未来を創造し将来世代を担う子供たちのアートを募集しています。
祝
NTのハートフルトラック
こどもミュージアム フェスタ2019

子どもの絵を「背負う」と運転がやさしくなる

「こどもミュージアムプロジェクト」は、悲しい事故を撲滅するための取り組みですが、じつは、このプロジェクトを進めるようになってから、宮田運輸の運転士たちの主体性がより高くなりました。

安全運転に対する意識が高くなったり、より仲間同士が助け合うようになったのです。それは、人から注目されることが多くなったからです。

ラッピングしたトラックを運転した運転士は、意識が変わったと言います。

「以前から乱暴な運転をしていたわけではないんですが、子どもの絵を背負うとこれまで以上に自然とやさしい運転を心がけるようになりました。後続の車の人たちが絵に気づき、笑顔になってくれることもあって。それをミラー越しに見ると、こちらもうれしい気持ちになります」

また、サービスエリアに停車中、通りがかりの人から「写真を撮ってもいいですか？」と声をかけられることもあるようです。

やはり子どもが懸命に描いた絵は、私たちの心にまっすぐに届き、人にやさしくしたいという気持ちを呼び起こしてくれるのでしょう。


交通事故を引き起こすのは、わずかな気持ちの変化です。ちょっとイライラしていて、運転が荒くなった。時間がなく急いでいて、いつもよりスピードを出してしまった。仕事に疲れていて、判断が鈍った。いいところを見せたくて、無理をしてしまった。ゆとりを欠いた運転が取り返しのつかない結果を招きます。

こどもミュージアムトラックに乗り込むと、運転士自らが事故を起こしたくないという気持ちになります。「事故を起こさないやさしい運転をしよう」と、主体的に安全運転を心がけるようになるのです。

そして、トラック後部の絵を目にしたほかのドライバーや道行く人たちの心を和ませ、交通事故の抑止にも貢献します。実際、ラッピングしたトラックが事故を起こした例、事故に巻き込まれた例は一度もありません。

子どもたちの描いた絵と、そこに添えられた「きをつけて、かえってきてね」というメッセージ。たったそれだけのことが多くのことを変えました。トラックを追い越していく車の人が笑顔で手を振ります。無理な割り込みや車間を詰められることが減りました。

このように、「注目されている」「関心を持たれている」という思いが運転士の意識を劇的に変えました。絵を背負う運転手はていねいな運転を心がけ、トラックをいつもピカピカにするようになりました。

「こどもミュージアムプロジェクト」に参加するのは簡単で、トラックに子どもの絵とオリジナルのロゴマークをラッピングしてもらうこと、それだけです。さらに運送トラックだけでなく、たとえば送迎車や営業車などでもOKです。

そんな「こどもミュージアムプロジェクト」は口コミで他社に広がり、協賛企業は現在、全国で153社。トラック、タンクローリー、商用車など542台がラッピングされ、全国の道路を走っています。さらに、建築現場のシート、自販機、工場の壁などにも広がり、いろいろな場所から安全とやさしさを発信。そして、海外からの問い合わせも増え、中国でもプロジェクトがスタートしています。

子どもたちの絵が世の中全体を明るくする

また、教育機関から子どもの安全に対する新たな取り組みとして、取り入れていただける機会も増えています。「交通事故に気をつけよう！」と伝えるだけではなく、「大切な人を悲しませないように、自分ができることは何か？」という視点から安全を考えるきっかけとして、こどもミュージアムトラックを使ってくださっています。

加えて、その場で「こどもミュージアムプロジェクト」に使用する絵を描いてもらうことで、大人たちが子どもたちに「ありがとう」を伝えます。**交通安全に貢献したと感謝されることで、子どもたちの自己肯定感を育む活動にもなっているのです。**

私たちは、「こどもミュージアムプロジェクト」の相談窓口として、「国際ＣＳＶ事業部」をスタートさせました。ＣＳＶは「Creating Shared Value（共有価値の創造）」の頭文字で、企業の利益と社会貢献を両立させようという試みです。子どもたちの絵で、世の中をやさしく和ませる活動を意味します。そして、２０１８年からプロジェクトを広めるための大規模なフェスティバルを、大阪万博記念公園で開催しています。

人を疑わず、楽しく経営する極意は、覚悟を決めること

7年前には、現在の事業の進め方や「こどもミュージアムプロジェクト」「みらい会議」といった取り組みをしていくことは想像もしていませんでした。

あの事故の後、大好きなトラックそのものの存在意義を疑うくらい悩みました。

そこからトラックを生かす方法を考えるという方向に舵を切り直すことができ、私が今、感じているのは「経営はやればやるほど楽しいものだ」ということです。


苦しいことは何もない。自分の心に素直に進んでいくと、必ず何かが返ってくる。

数字の善し悪しも含めてすべて楽しいという感覚です。

もちろん、社長は従業員の人生を背負っています。それは事実ですが、そればかりを考え続けると苦しくなります。だから、あるとき私は幹部や従業員に言いました。

「報道によれば、運送業界は6万人の人手不足や。うちの会社1個がなくなったくらいで従業員は路頭に迷うことはない。なんぼでも行くところがある。それを自分の会社の中に囲い込んで、潰れんようにいいように使っていくのは経営者の傲慢や」

本当にそう思っていますし、辞めてより金銭的な条件のいいところへ移るのも、その後、「やっぱり宮田運輸がよかった」と戻ってきてくれるのもウェルカムです。

社長になった当初は、ずっしりと背中に従業員とその家族の生活の重さを感じて、路頭に迷わせちゃいかん……とシャカリキになっていました。でも、そうなると視野が狭くなり、管理、管理と考え、どうやって安全に儲けるかという判断基準になってしまいます。

言ってしまえば、「こどもミュージアムプロジェクト？　それ、利益出るの？」という話です。実際、ほとんどの中小企業の経営者はそう考えるでしょう。

けれども、そこで思い切り理想を追いかけていくと、賛同者が現れ、少しでも世の中の役に立ち、回りまわって従業員の幸せにもつながっていく。

だから、経営はやればやるほど楽しいものだなと思えるのです。

会社は大きな家族

じつは、経営者が会社でやっていくべきことは、各家庭で親がやっていることと大きくは変わらないのかもしれません。

「子どものためにがんばるんや！」「こいつの将来のために稼ぐんや！」「貯金するんや！」と心のままにがんばっていると、その姿を見た子どもは紆余曲折こそあってもまっすぐ育ちます。そして、10代の終わりにもなると自立して、自分の本当の幸せを探しながら社会に出ていきます。

親がやるべきなのは、「ああせえ、こうせえ」と管理し、「こっちがあんたのためや」と道を示すことではなく、子どもが自分で考えられる環境、好きなことを探していられる時間を用意すること。

何かを教え導くというよりも、周囲を自分の目で観察できるよう手伝っていくような接し方。それが子どもの力を引き出す結果につながるのだと思います。

ところが、場所が会社になり、社長と従業員という関係になった瞬間に、多くの人が違う視点に立ってしまうのです。

従業員のために内部留保を増やしていく。会社を守ることが、社員と家族を守ることにつながるから管理する。少々お客様に無理をしてもらってでも、自分のところを優先する。

こうした考え方は、一見、仲間を大事にしているように見えますが、本当だろうか。社長は「従業員の幸せのため」と言っているけれど、本当にそうだろうか、と。

事業を存続させていく目的は、内部留保を大きくして、会社の見栄えをよくしていくことではありません。

もちろん、必要な設備はあります。古くなった倉庫は立て直さなければお客様に迷惑がかかりますし、整備された新しいトラックを用意するのは運転士の安全のために当然です。

そういう意味でお金は大事ですが、使い道はあくまで「人」のため。設備をよくするのは、従業員やお客様のための投資です。

私は、1人ひとりが自分のやっている仕事のなかで、価値や意義を見出し、「幸せやな」という気持ちになってもらえる場をつくっていくことが大事だと思っています。

私は、会社を本気で家族だと思っています。

家族だと考えれば、信じるのが当たり前。 これは、会社単位だけでなく、社内の各部署やチームでも同じです。

経営は、お金を増やすためのゲームではありません。

従業員全員がより幸せになるために、個々が成長する。それを追求し続けることが会社を経営することの意味なのです。

エピローグ

繰り返しになりますが、「こどもミュージアムプロジェクト」は、前出の悲しい事故がきっかけとなり、はじめた取り組みです。

交通安全を心から願い、安全運転を実践するドライバーを1人でも多く育てたい。世の中から悲惨な事故をなくしたい。

これを実現することが、私たちが、事故の被害者の男性と、そのご遺族に対してできる唯一のことだと考えています。

以前、この取り組みが、NHK「おはよう日本」で取り上げられたことがあります。そのとき、被害者の男性のお義母様が、その放送をご覧になって、お手紙をしたためてくださいました。

新年あけましておめでとうございます。

先日、NHK放送局の方から連絡があり、ニュースで貴社の事故防止の取り組みを拝見しました。

会社一丸となっての運動が今、他府県にも広まり、私共の娘婿の事故がきっかけと知り、私共も嬉しく思っております。

あの時、小学四年生だった孫も、中学一年生となりました。

朝、元気に「行って来ます〜!」の声を励みに楽しく暮らしております。

毎日の生活の中で、今でも婿がいるかのごとく話の中に度々登場します。

我が家では「お父さんがネ」とか「南ちゃんがネ」とか変わらぬ日々を送っている事をお伝えしたくてペンをとりました。

放送して頂いて、私の気持ちに区切りが付いた思いです。

これからも、いろいろな事があると思いますが、婿の残してくれた「人への感謝」を忘れず、三人で暮らしていきます。


一つ気がかりなことがあります。

事故のお相手の方には子供さんが居られると聞いています。

奇しくも婿と同じ歳の御主人と、その御家族が、楽しい毎日を送られることを切に願っています。

私の心の内を聞いていただき、ありがとうございました。

貴社のますますのご繁栄を心よりお祈り申し上げます。

後にも先にも、ここまで心を揺さぶられる手紙はありません。

私は、この手紙を今でも肌身離さず持ち歩いています。

もちろん、「こどもミュージアムプロジェクト」の取り組みで、ご遺族の悲しみや被害者の無念、事故を起こした運転士の後悔を、完全に拭い去ることはできません。

しかし、私たちの取り組み、人の良心をとことん信じる姿勢が、ご遺族をほんの少しでも癒すことができたとすれば、素直にうれしく思います。

心でぶつかれば、心が伝わる

また、昨年うれしいことが2つありました。

1つは、私たちが主催する「こどもミュージアムフェスタ」というイベントに、事故のご遺族が参加してくださったことです。

「加害者も被害者も不幸になったらダメだから……どちらも幸せになってほしい。うちは今、幸せなんですよ。だからそのぶん、相手さんのことが気になってね。これからが長い道のりですけど、でもね、うれしい道のりですね」

こんな言葉をかけていただきました。

そして、もう1つは、事故を起こした運転士が、自らの意思で事故の経験を語りはじめてくれたことです。宮田運輸には、国内だけでなく、中国、韓国などから毎年たくさんの方が視察に訪れます。これまで、彼はそういった場に顔を出すことがありませんでした。

しかし、昨年、自らその場に参加し、自身の経験を真剣に語ってくれたのです。

従業員を疑うことなく信じ切り、主体性が開花するのをひたすら待つ。

これを続けることで、従業員1人ひとりが輝き、それが、よりよい社会を実現することにつながると私は考えています。

おわりに

物流の仕事は、お客様から減点方式で評価されます。

到着が遅れた。破損させた。汚損させた。誤納品があった。

時間通りに、きれいな品物が間違いなく届くことが大前提。しかし、現場では渋滞や車載時のミス、悪天候などで運行に遅れが生じるなど、さまざまなトラブルが発生します。

３６５日のうち、３６４日順調でも、ほんの1日大きな遅れが出れば、会社の評判にかかわってくる厳しい環境です。

そんななかで踏ん張っている運転士をはじめとする仲間たちに、どうやって仕事への誇りを持ってもらうか。価値を感じてもらうか。プライドとともに取り組んでもらうか。

経営者である、私の仕事はその一点に集約されているのではないかと思っています。

よく物流は社会の血液だと言われます。赤血球が、人が生きていくために欠かせない酸素と栄養素を運ぶように、トラックは社会の隅々まで物資を運搬します。

待っている人のところへ物を届けることで、私たちは暮らしと命を守っています。ここにすべての基本があります。そのうえで、運転士をはじめとする仲間たちには「物を届ける以上の何かも運びたい、届けたい」という想いを伝えています。

たとえば、子どもたちの描いた絵でラッピングされた「こどもミュージアムトラック」が走ることで、周囲のドライバーの心が穏やかになるのだとしたら、それは幸せを届けていると言えるかもしれません。

走れば、走るほどあおり運転が減り、交通事故が少なくなっていくトラックで、物を運びながら、夢、感動、喜び、幸せも届けられるように。そこには物を運ぶことにプラスアルファする価値があると思います。

仕事自体は変わらないけれども、そこにある新たな価値を見出していくことで誇りを育むことができます。大切なのは、現場のリーダーたちが、そして経営者がどこを見るかです。

物流という仕事で社会を支えながらも、トラックには、私たちには物を運ぶ以上の何かがあるのではないか？　と思い、そこにある価値を突き詰めていく。どんな仕事もそうですが、日々の取り組みに劇的な変化やドラマはありません。しかし、何を思って日々取り組んでいるかによって、結果は大きく変わってきます。

そのためには、現場でがんばっている仲間たちに光を当てていくことが必要です。

「よくやっている」と認め合うこと。

「僕らがやっていることは社会とつながっている」と伝えること。

仕事の意味、価値を、社内外のより多くの仲間と共有する場として、「みらい会議」があります。

トップダウンで「うちはええ会社や！」と叫んでも、気持ちは伝わっていきません。それよりも、はじめて「みらい会議」にやってきたパートのおばちゃんの友人が、事業所の代表者の話を聞いて「ええ会社やな」と言ってくれたら、それだけで私たちは感動し、勇気づけられるわけです。

認められることで、主体性が育まれ、積極的に仕事をしようと思う仲間が増えていく。誰から求められたわけでもなく、「みらい会議」の場で「将来は所長になりたい」とハタチそこそこの若手が決意表明をする。聞いた仲間は「がんばれ」と助けていく。

気運のようなものは目に見えません。しかし、数字をつくっているのは現場です。そして、現場同士の連携には、おたがいを知り合い、「あいつのことを助けたろう」と思う気運が不可欠です。

困ったことがあったら、助けを求める。

課題に感じていることがあったら、オープンにしてしまう。

「みらい会議」は、そんな機能も果たしながら、同時に1人ひとりのがんばりに光を当てる場でもあります。

たとえば、枚方事業所の従業員が、自分に割り当てられた仕事ではないけれど、夜の21時くらいに荷物をラップで巻く作業を買って出てやってくれている。ラップで巻くことで、トラックに積み込んだ後、荷物が崩れなくなるわけですが、本来は積み降ろしを行う運転士の役割です。

しかし、その従業員は「22時ころ、協力会社の運転士さんが岡山県から荷物をピックアップにくる。夜遅く運転してきて、疲れているだろうし、1分でも早く積んで帰ってもらえるようにしたい」と荷物をラップで巻いてくれていたのです。

捉えようによっては無駄なサービス残業と見る人もいるかもしれません。現場で起きた小さな出来事と見逃されても仕方のないエピソードかもしれません。

しかし、誰に言われるともなく、良心が働いて行動に移したわけです。そこにスポットライトを当てて、広めることが現場のリーダーや経営者の仕事ではないでしょうか。

どこの現場にも埋もれて気づかれないままになっている、いいエピソードがきっとあるはずです。そこに光を当て、どんな想いで行動に至ったかを語ってもらい、広めていくこと。私たちは「みらい会議」でそれを繰り返し、多くの仲間が何かを感じ取り、主体性を育んでくれました。


上から言われた「やったらええやろう」の効果は絶大です。立場が勝つので、下は言うことを聞いてくれます。しかし、その「やったらええやろう」はその場、その場でしか効果を発揮せず、いずれ消えていきます。

なぜなら、主体的に変わろうとしたわけではないからです。どれだけ数字を示し、客観的な事実を提示して、理路整然と説明し、「な、やったらええやろう」と伝えたとしても、限界があります。

自分のなかから出てくる想いにはかないません。

1人ひとりの仲間から主体性をどう引き出すか。もどかしいかもしれませんが、従業員を信じて疑わず、見守ることです。

仲間たちが自ら壁にぶち当たって悩み苦しんでそれを乗り越えていく。その過程、プロセスを見守りましょう。そのうえで、「見ていたよ」と伝えること。事後の変化を褒めること。人の育て方に正解はないと思います。

ただ1つ言えることとは、経営者が全部を考え、答えを見つけ、指示を出す必要はありません。

「みんなも考えてくれよ」「一緒に悩んでくれよ」と投げかけて、見守ることで1人ひとりが成長し、主体性を発揮してくれるようになるのです。

著　者

【著者紹介】

宮田　博文（みやた・ひろふみ）

◉——1970年大阪府生まれ。高校卒業後、祖父が創業した宮田運輸に入社。運転士、専務などを経て2012年社長に就任。当時、売上高は25億円、経常利益は1000万円弱だったが、19年３月期は売上高40億円、経常利益１億5300万円に拡大。

◉——社長就任当初、従業員に対する管理を強め、数字を上げようとしたことが引き金となり、死亡事故が発生。そこから方針を大転換。現在は、従業員をとことん信じる「心の経営」をモットーとしている。その経営手法は、国内のみならず、中国、韓国などアジアの経営者からも注目されており、毎年多くの企業が視察に訪れている。2007年、稲盛和夫氏が主宰する経営塾「盛和塾」に入塾。2018年６月に行われた中国北京主催の盛和塾全国大会では、3200人もの経営者の前で講演した。

◉——死亡事故をきっかけに同社がはじめた、トラックに子どもの絵をラッピングして、事故抑止につなげる仕組み「こどもミュージアムプロジェクト」は、現在150社以上の企業が参加。国内のみならず、中国、韓国など海外の官公庁、企業からも大きな注目を集めている。また、同社が行っている、すべての従業員、社外の人誰もが参加できる経営会議「みらい会議」には、全国各地から数多くの人が参加している。ＮＨＫ「おはよう日本」、読売テレビ「ウェークアップ！ ぷらす」などメディア出演多数。

社長《しゃちょう》の仕事《しごと》は社員《しゃいん》を信《しん》じ切《き》ること。それだけ。　〈検印廃止〉

2019年11月５日　第１刷発行
2024年５月28日　第３刷発行

著　者——宮田　博文
発行者——齊藤　龍男
発行所——株式会社かんき出版

東京都千代田区麹町4-1-4 西脇ビル　〒102-0083
電話　営業部：03(3262)8011㈹　編集部：03(3262)8012㈹
FAX　03(3234)4421　振替　00100-2-62304
http://www.kanki-pub.co.jp/

印刷所——ベクトル印刷株式会社

ISBN978-4-7612-7451-1 C0034